TEORIAS DA ADMINISTRAÇÃO

www.editorasaraiva.com.br

Antonio de Lima Ribeiro

TEORIAS DA ADMINISTRAÇÃO

3ª edição

saraiva uni

ISBN 978-85-02-63537-1

DADOS INTERNACIONAIS DE CATALOGAÇÃO NA PUBLICAÇÃO (CIP)
ANGÉLICA ILACQUA CRB-8/7057

Ribeiro, Antonio Lima
Teorias da administração / Antonio Lima Ribeiro. – 3. ed. – São Paulo : Saraiva, 2016.

ISBN 978-85-02-63537-1

1. Administração de empresas I. Título

15-0755   CDD 658
                                                         CDU 658

SOMOS EDUCAÇÃO | **saraiva** uni

Av. das Nações Unidas, 7221, 1º Andar, Setor B
Pinheiros – São Paulo – SP – CEP: 05425-902

SAC 0800-0117875
De 2ª a 6ª, das 8h às 18h
www.editorasaraiva.com.br/contato

Copyright © Antonio de Lima Ribeiro
2016 Saraiva Educação
Todos os direitos reservados.

Presidente	Eduardo Mufarej
Vice-presidente	Claudio Lensing
Diretora editorial	Flávia Alves Bravin
Planejamento editorial	Rita de Cássia S. Puoço
Aquisições	Fernando Alves
	Julia D'Allevo
Editores	Ana Laura Valerio
	Lígia Maria Marques
	Thiago Fraga
Produtoras editoriais	Alline Garcia Bullara
	Amanda M. Loyola
	Daniela Nogueira Secondo
Suporte editorial	Juliana Bojczuk Fermino
Revisão	Renata Truyts
Diagramação e capa	ERJ Composição Editorial
Impressão e acabamento	Gráfica Paym

3ª edição
1ª tiragem: 2016
2ª tiragem: 2017

Nenhuma parte desta publicação poderá ser reproduzida por qualquer meio ou forma sem a prévia autorização da Saraiva Educação. A violação dos direitos autorais é crime estabelecido na lei nº 9.610/98 e punido pelo artigo 184 do Código Penal.

ERP 351.151.003.002

EDITAR 14845   CL 650327   CAE 568084

Dedico este livro à memória
de meus pais, Antonio e Francisca.

O autor

Prefácio

Recebi com muita honra o convite de prefaciar o livro do professor Antonio de Lima Ribeiro. Tudo começou quando fui convidado, há alguns anos, para lecionar Teoria Geral da Administração na Faculdade Novo Milênio de Vila Velha no Espírito Santo. Os coordenadores, os professores Fernando Senna e Mario Freire, expuseram o perfil do alunado e me pediram para preparar um curso muito bom e ao mesmo tempo compacto e de fácil assimilação. Eles fariam o Provão, que depois se chamaria Enade, o Exame Nacional que o MEC realiza periodicamente e a Instituição não poderia ter nota baixa sob pena de perder vagas e sofrer outras punições. Ademais, tratava-se de alunos que trabalhavam durante o dia, inclusive aos sábados, e tinham pouco tempo para estudar. Pensei: preciso de um livro que, ao mesmo tempo, contenha toda a ementa, seja resumido e de linguagem clara e acessível. Fui à livraria e comecei a procurar. Os livros tradicionais não atendiam. Embora fossem bons, eram por demais extensos e, mesmo se quiséssemos, não conseguiríamos terminá-los ao final do semestre. Foi aí que encontrei um livro de TGA, *Teorias da Administração* do professor Lima. Fiquei maravilhado com a simplicidade da abordagem, brevidade de explanação e, ainda assim, envolvendo todo o essencial do ementário. Para agregar mais valor, o preço era superacessível, menos da metade do preço dos livros tradicionais. Gostei do formato dos capítulos em que encontramos dicas de sites para pesquisa e questões para estudo, exercícios de aplicação e resumos que completam a didática do livro.

Um fator muito importante também, principalmente para o professor, são os slides de *Power Point* com as aulas já preparadas e as provas disponibilizadas no site da editora, o que torna o trabalho prazeroso, uma vez que temos de nos preocupar apenas com a clareza da explanação e a motivação em sala de aula.

Esta realmente é uma história de sucesso. Pois bem, o Provão aconteceu e a coordenação nos pediu que corrigíssemos a prova, cada professor com sua disciplina, na quadra coberta da Faculdade. Não fui o primeiro. Um professor em sua correção fazia as perguntas e os alunos respondiam ou não. Antes de tudo, quando vi as perguntas eu já fui falando com o coordenador: "Meus alunos sabem responder estas questões". Não deu outra. Na minha vez, subi ao palco improvisado, fiz as perguntas e ouvi em coro as respostas. Parece fatal, todas essas provas do MEC têm perguntas envolvendo a Administração Científica de Taylor, e o livro do professor Lima fornece a teoria completa. Fiquei muito motivado e tenho adotado sempre o *Teorias da Administração*. Posteriormente, tive a oportunidade de fazer algumas observações para a melhoria do livro, nada a ser retirado, mas, sim, acrescentado, sem perder o caráter sintético da obra.

É uma história de sucesso também porque, a partir daí, comecei a indicar o livro para meus colegas e tive a felicidade de ter um aluno que terminou o curso de Administração, fez pós-graduação e abraçou a disciplina no magistério superior por minha influência. Ele me disse há poucos dias que conhece todo o livro do professor Lima, o que mostra nosso acerto. Também não precisaria dizer que fui paraninfo dessa turma e que sou procurado por eles até hoje. É uma profissão difícil, mas recompensadora. Este livro não esgota o tema, pois a Administração é uma ciência em construção, entretanto, posso garantir que se trata de um caminho seguro para o ensino de Teoria Geral da Administração – TGA.

José Américo Silvares Costa
Mestre em Administração pela Fundação Getulio Vargas (RJ),
Coordenador do curso de Administração Geral e Informática
da Faculdade Batista de Vitória (ES)

Sumário

1. **A globalização e seus efeitos** 1
   - Características 1
   - Tempos modernos 2
     - Empresa global 3
     - Assalariados 4
     - Sistema financeiro global 4
   - Fatos da globalização 5
   - Consequências da globalização 5

2. **Gestão estratégica de recursos** 7
   - Conceito de estratégia 7
   - Planejamento estratégico 8
     - Análise do ambiente 8
     - Análise da organização 9
   - Recursos 9
     - A ilusão do lucro 10
     - Estratégia de gestão em cenários agressivos 11
     - Gestão de recursos 11
     - Estratégia de descarte 12
   - Gestão de Pessoas em cenários agressivos 12

3. **Administração Científica** 13
   - As contribuições de Taylor 17
   - Objetivo principal dos sistemas de administração 18
     - Influência da produção na prosperidade de empregadores e empregados 19
   - A Administração Científica segundo Taylor 20
     - O estado-maior 21
     - O pessoal de preparação 21
     - Operários 22
     - Remuneração na Administração Científica 23

Os três princípios fundamentais da Administração Científica de Taylor.........24
A tarefa e a eficiência do empregado..24
    Planejamento do serviço..25
    Salários...25
    A tarefa e a gratificação...26
    Supervisores..26
Principais características da Administração Científica................................27
    Administração como ciência..27
    Separação entre quem pensa e quem faz..27
    Conceito do *homo economicus*...28
    Supervisão funcional..28
    Ênfase na eficiência..28
    O princípio da exceção..29
Estudo de Movimentos e Tempos (EMT) 29
    Pioneiros... 29
    Conceito.. 30
    Instrumentos de EMT... 30
    A padronização de instrumentos de trabalho 31
    Sistemática do EMT.. 31
    Recomendações sobre EMT 32
    Algumas regras práticas de economia de movimentos...............................32
        Uso do corpo humano...32
        Relacionadas com o local de trabalho..33
        Relacionadas com o projeto de ferramentas e equipamentos............. 33
    Vantagens do EMT..34
As ideias de Henry Ford..35

4. Escola Normativista 41

As funções da empresa na visão de Fayol..43
    Função técnica..43
    Função comercial...44
    Função financeira...44
    Função de segurança...44
    Função de contabilidade...44
    Função administrativa...44
    Importância das funções...45
Funções administrativas 45
    Previsão...45
    Organização..47
        Missão administrativa do corpo social...47
    Comando...48
    Coordenação..49
    Controle..50
Princípios da Administração de Fayol..52
    Divisão do trabalho...52
    Autoridade e responsabilidade...52
    Disciplina...53

	Unidade de comando 53
	Unidade de direção 53
	Subordinação do interesse particular ao geral 54
	Remuneração do pessoal 54
	Centralização 54
	Hierarquia 55
	Ordem 55
	Equidade 55
	Estabilidade 55
	Iniciativa 55
	União 56
O estado-maior na visão de Fayol 56
Salário e remuneração 56

5. Escola das Relações Humanas 63

A experiência de Hawthorne 64
    Primeira fase 64
    Segunda fase 65
    Terceira fase 67
    Quarta fase 67
    Conclusões da experiência de Hawthorne 67
A questão da liderança 68
    Gerência autoritária *versus* liderança 68
    O modelo de liderança de Kurt Lewin 69
        Liderança autocrática 69
        Liderança democrática 70
        Liderança liberal (*laissez-faire*) 70
        Outros enfoques na liderança 70
As habilidades gerenciais básicas 71
    Comportamento gerencial 71
    Alguns atributos desejáveis da gerência 72
Estilos de liderança no trabalho 73
    Liderança coercitiva 73
    Liderança controladora 73
    Liderança orientadora 73
    Liderança integradora 73
    Liderança situacional 74

6. Escola do Comportamento Humano 79

Ideias Centrais 80
As Teorias X e Y 81
    Teoria X 81
    Teoria Y 81
Modelo de liderança de Blake e Mouton 82

Gerente 1.1 82
Gerente 1.9 83
Gerente 9.1 83
Gerente 5.5 83
Gerente 9.9 84
As necessidades humanas 84
Teorias da Motivação 85
    Hierarquia das necessidades de Maslow 87
    Teoria ERC de Alderfer 89
    Teoria dos dois fatores de Herzberg 89
    Teoria das necessidades de McClelland 90
    Teoria da expectativa de Vroom 90

7. Escola Burocrática 95

Origens da Escola Burocrática 95
A burocracia de Weber 96
    Teoria da autoridade 98
    Autoridade racional 98
Disfunções do modelo de Weber 99
O ABC da burocracia 100
    Vantagens e desvantagens da burocracia 100
Consequências do Sistema Burocrático 101
    Processo decisório 101
    Desburocratizando a empresa 101
    O problema da fila 101
        Modelos matemáticos 102
    Organização informal 103

8. Escola Estruturalista 107

Visão geral 107
Características da Escola Estruturalista 110
    A complexidade organizacional 113
        Linhas de autoridade na estrutura formal 114
        Visão interna (empresa) e visão externa (sociedade ou cliente) 115
    O conceito de conflito 115

9. Escola de Sistemas 119

Visão geral 119
O pensamento sistêmico 121
    Sistemas 121
        O Estado do sistema 122
        Ambiente 122

Os tipos de sistemas 123
Sistemas fechados e sistemas abertos 123
Visão interna do sistema aberto 124
Parâmetros dos sistemas 124
Os sistemas e as pessoas 126

10. Escola de Administração por Objetivos 129

Origens da Administração por Objetivos 129
Visão Geral 130
Características da APO 132
Limitações da APO 132
Metodologia de implantação da APO 132
Objetivos da empresa, dos departamentos e das pessoas 134
Definição de objetivos departamentais 134
Classificação dos objetivos 135
Características dos objetivos 135
Critérios de escolha 135
Quando mudar os objetivos 136
A Administração por Objetivos em ambientes difíceis 136
Algumas recomendações para tempos difíceis 136

11. Escola do Desenvolvimento Organizacional 145

Visão geral 145
Origem e conceito 145
O D.O. e sua contribuição 148
Visão sobre o trabalho e as pessoas 149

12. Teoria da Contingência 153

Visão geral 153
Pesquisa de Chandler 154
Pesquisa de Burns e Stalker 155
Níveis das organizações 156
Aspectos da Teoria da Contingência 157

REFERÊNCIAS 161

ÍNDICE REMISSIVO 163

A globalização e seus efeitos

Após a virada do milênio, as referências à globalização têm sido cada vez mais frequentes e passaram a fazer parte do cotidiano da maioria das pessoas. O desenvolvimento das tecnologias da informação tem permitido que os indivíduos se informem com maior rapidez. Novos produtos e serviços acabam ficando disponíveis de forma mais rápida e, eventualmente, mais econômica. Neste capítulo, vamos fazer uma apreciação geral da globalização, recomendando aos nossos alunos leituras de aprofundamento no tema, face à sua relevância.

Características

A globalização é um processo social que promove mudança na estrutura política e econômica das sociedades. Economicamente, significa integração dos mercados em âmbito mundial.

Do ponto de vista do consumidor, em primeira análise, a globalização pode significar conforto e interesse econômico, na medida em que permite acesso a produtos de qualidade e a preços diferenciados. Do ponto de vista social, ela apresenta sinais de ser cada vez menos inclusiva, ou seja, aumenta a polarização entre países e classes quanto à distribuição de riqueza, renda e emprego.

O processo de globalização tornou-se mais rápido e abrangente – envolvendo não apenas o comércio e capitais, mas também áreas como telecomunicações, finanças e outras – graças à revolução das comunicações, que permitiu uma troca de informações mais eficiente entre os locais mais distantes. A rápida evolução e o crescente uso das tecnologias da informação têm papel fundamental nesse processo de melhoria do comércio e das transações financeiras entre os países.

Podemos considerar a globalização como um avanço do processo de internacionalização econômica, social, cultural e política que tem ocorrido no mundo, principalmente nos países capitalistas, desde os anos 1980.

A globalização envolve algumas situações típicas, por exemplo:

- adoção de novas tecnologias e novas formas de organizar a produção e a gestão nas empresas;
- formação de blocos regionais, visando fortalecer o comércio regional, como o Mercosul, o NAFTA e a União Europeia;
- aprofundamento do processo de formação de oligopólios, como o da indústria automobilística;
- fatores de produção mais baratos:
  - produção em escala;
  - mão de obra barateada em razão da migração das empresas;
  - eliminação de barreiras e fronteiras nacionais;
  - comércio em escala mundial.
- preços mais competitivos;
- mais benefícios para o consumidor;
- maior oferta de produtos;
- exposição das empresas não competitivas;
- criação de situações de desemprego;
- maior discussão sobre ética e valores.

Tempos modernos

A globalização não é, como se pensa, um fenômeno novo; teve início com o Tratado Geral de Tarifas e Comércio (GATT) estabelecido em 1947. Ampara-se na maior velocidade dos transportes e das comunicações. Nos anos 1980, com o emprego de satélites e fibras óticas pelos meios de comunicação, o setor produtivo e de negócios teve seus resultados subitamente abreviados e a custo menor. Observa-se o fenômeno do aumento de fluxos de capitais e de atividades comerciais, bem como o incremento de serviços possibilitado pelas infovias.

Atualmente, as relações comerciais são reguladas pela Organização Mundial do Comércio (OMC), que substituiu o Tratado.

FIGURA 1.1 Início da globalização

Globalização ⟶ GATT ⟶ 1947

Fonte: Disponível em: <http://www.desenvolvimento.gov.br>. Acesso em: 17 nov. 2015.

Empresa global

No cenário já globalizado, podemos identificar, por exemplo, uma empresa francesa com características da globalização: capital suíço; maquinário coreano; fabricação chinesa; marketing italiano; sócios capitalistas na Polônia, no Marrocos e no México; e vendas realizadas nos Estados Unidos. Fica caracterizada a dissolução da nacionalidade da empresa e de sua própria personalidade. A empresa vê-se articulada segundo a necessidade e a racionalidade econômica: é a empresa global.

Outro ponto importante a destacar é que as mudanças no modo de produção das mercadorias foram significativas. Auxiliadas pelas facilidades na comunicação e nos transportes, as empresas globais instalam suas fábricas em algum país que lhes ofereça as maiores vantagens fiscais, mão de obra e matérias-primas baratas. Essa situação ocasiona a transferência de empregos dos países ricos que pagam altos salários e concedem inúmeros benefícios aos empregados para as nações industriais emergentes, como os Tigres Asiáticos.

Antes quem tomava as grandes decisões econômicas eram os governos. Agora esse papel é desempenhado pelas empresas: são elas que decidem o que, como, quando e onde produzir os bens e serviços que serão consumidos pelo mundo.

APRENDA MAIS

As empresas globais não necessariamente são uma ameaça às pessoas. Apenas para fazer referência aos grandes laboratórios farmacêuticos globais, seus centros de pesquisas e desenvolvimento dispendem atualmente milhões de dólares na identificação e produção de vacinas seguras. Pelo menos 19 vacinas estão sendo atualmente pesquisadas, ali incluídas vacinas contra AIDS, malária e outras doenças graves que matam milhões de pessoas por ano. Outras grandes organizações se ocupam da produção de elaborados aparelhos de diagnóstico de doenças, tais como tomógrafos, aparelhos de ultrassom, métodos de exames laboratoriais e outros. Esses produtos com certeza salvarão a vida de milhões de pessoas. Deve-se também mencionar que as grandes empresas que produzem equipamentos e máquinas agrícolas, fertilizantes, defensivos agrícolas, sementes e outros produtos com tecnologia para a produção de alimentos também contribuem para a alimentação de uma população mundial que se expande em taxas perigosamente altas. Houve efetivamente uma redução de populações assoladas pela fome, embora a FAO registre em relatório recente a existência de milhões de pessoas submetidas à fome, especialmente no continente africano.

A globalização é sempre polêmica: há desde aplausos e elogios até críticas veementes, pois as empresas globais são fortes e poderosas.

> QUADRO 1.1 :: Concentração geográfica das empresas globais
>
> - As maiores empresas globais estão concentradas nos Estados Unidos, na China, na Alemanha, no Japão, na França e na Inglaterra. Outros países de menor expressão econômica também possuem empresas globais, porém em muito menor escala do que os países centrais citados.

A empresa global fundamenta-se na *automação* e na *robótica*; sua organização é flexível, com grande mobilidade dos seus quadros.

Assalariados

A classe assalariada vê-se submetida a modalidades empregatícias e padrões salariais nem sempre aceitáveis. Se o lema é "produzir onde a mão de obra é barata e vender onde ela é cara", os salários mais baixos e menos protegidos podem obter trabalho. Os sindicatos demonstram despreparo ao negociar os interesses de seus filiados, pois não se adaptaram aos novos desafios impostos pela globalização e não acompanharam o ritmo vertiginoso imposto às empresas pela competitividade e pela liderança de mercado. Os sindicatos perderam grande parte de seu poder de influência política e econômica, e hoje não conseguem garantir os interesses de seus filiados.

Dentro dessa nova ordem mundial, os trabalhadores estão em situação desfavorável; eles não encontram a maneira de brigar por melhorias nas condições de trabalho, pois neste momento sua preocupação maior é em manterem-se empregados. O imenso desemprego existente inibe greves ou protestos, que poderiam resultar não em vantagens para os trabalhadores, mas em demissões em massa e na contratação de outros empregados por salários menores.

Além disso, os assalariados enfrentam o chamado desemprego estrutural, quando postos de trabalhos são eliminados. Esse fenômeno é causado pela crescente concorrência internacional, que obriga as empresas a cortar custos, com o objetivo de obter preços sempre menores para os seus produtos, e também pela automação de vários setores, em substituição à mão de obra humana.

Sistema financeiro global

Este sistema baseia-se na produtividade e no lucro máximos. O mercado financeiro é representado pelos gestores dos fundos de pensão e de investimentos, que movimentam, somente nos Estados Unidos, um capital de 6 trilhões de dólares. O deslocamento desse capital pode causar pânico no mercado financeiro, com sérios reflexos na saúde da economia dos demais países.

FIGURA 1.2 A economia global baseia-se no capital, no trabalho e nas matérias-primas, constituindo a relação entre eles o fator econômico mais relevante

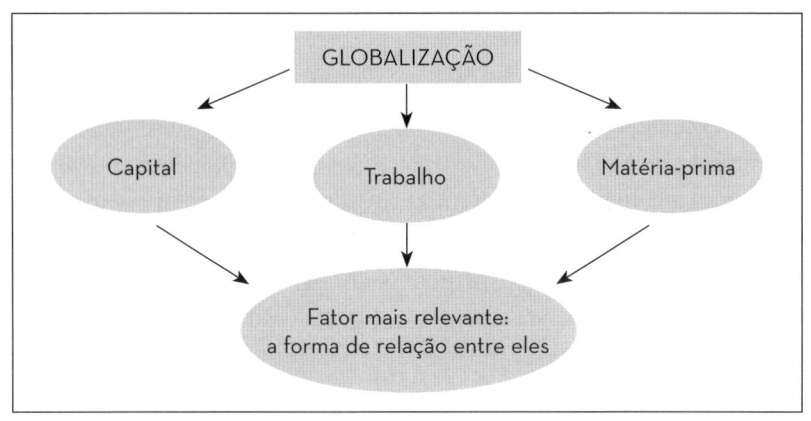

```
                    GLOBALIZAÇÃO
         ↙               ↓               ↘
     Capital          Trabalho         Matéria-prima
         ↘               ↓               ↙
              Fator mais relevante:
              a forma de relação entre eles
```

Fonte: Elaborada pelo autor.

Fatos da globalização

A mobilidade confere à economia financeira um lastro maior do que a que cabe à economia produtiva, e não há instituições internacionais capazes de regular a ação das empresas globais. O Estado fica desconfortável, pois não controla a produção, nem o câmbio, nem o fluxo de capitais, embora ainda permaneça responsável pela segurança, pela educação e pela ordem pública. A globalização é naturalmente invasiva e poderosa, e seu poder, abrangente, escapa ao controle das Nações, entrando em conflito com os valores que regem cada uma delas. Os governos também estão perdendo a capacidade de proteger o emprego e a renda das pessoas. Se um país estabelece uma legislação que protege e encarece o trabalho, é provavelmente excluído da lista de muitos projetos de investimento.

Consequências da globalização

Com o advento do novo milênio, alguns fatos precisam ser destacados:
1. População – A população do planeta tem aumentado em números alarmantes, e os países tem enfrentado dificuldades para fornecer educação, saúde, transporte, moradia, alimentação e emprego para todos. Bolsões de pobreza persistem, inclusive em países bastante desenvolvidos.
2. Medicina – Os progressos da medicina têm trazido como consequência positiva a cura de doenças, a redução da mortalidade infantil e o prolongamento da vida. A população de idosos tem aumentado significativamente, o que é bom, mas ao mesmo tempo tem trazido grandes

preocupações aos serviços de previdência social dos Estados, ou seja, como assegurar o pagamento de aposentadorias e pensões para um contingente que cresce aos milhões por ano.

3. Produtos e serviços – A cada dia novos produtos e serviços ficam disponíveis para os consumidores ávidos de novidades. A produção desses bens pode estar ocorrendo com razoável ou forte degradação do meio ambiente. A discussão que aqui se coloca é se os seres humanos têm a liberdade de provocar destruição no ambiente em que vivem e o que isso vai representar para as gerações futuras.

4. Países pobres – Os países pobres em geral possuem território e certos recursos naturais. Sua população é grande; sua tecnologia, escassa; seus problemas, enormes. A presença de produtos globais tanto pode ser um benefício quanto um duro golpe para as suas frágeis economias locais.

5. Qualidade de vida – Muito se tem falado sobre a qualidade de vida, ou seja, como se livrar da vida estressante dos grandes centros, como lidar com o tédio, os conflitos de toda ordem, o aumento da criminalidade e até a simples movimentação de uma pessoa de sua casa até o local de trabalho. Começam a tomar corpo certos movimentos, os chamados de "Simplicidade Voluntária", em que os indivíduos optam por viver em cidades menores e em modelos de vida menos estressantes. De algum modo, essas pessoas precisarão de produtos e serviços que obviamente as empresas globais vão disponibilizar.

6. Tecnologia da Informação – Se o rei de Portugal, em 1500, levou três meses para receber a notícia do descobrimento do Brasil, tal evento nos dias de hoje seria comunicado em segundos, com os recursos tecnológicos já disponíveis. Essas tecnologias, também invasivas, reduzem o tempo, encurtam distâncias e resolvem problemas – mas não estão disponíveis para todos.

7. Economia – Os países mais fortes, com mais empresas globais e mais tecnologia, obviamente comandam a globalização. Dessa forma, a globalização traz muitos benefícios, mas também pode resultar na concentração de poder e dinheiro nesses países, acirrando as desigualdades e os conflitos. Os seres humanos que criaram todas essas coisas têm a responsabilidade de promover a discussão dos problemas e buscar as melhores soluções para todos.

Gestão estratégica de recursos

Mais do que nunca, as empresas necessitam de habilidade na gestão dos recursos. Para otimizá-los, é mister que pensem estrategicamente, relacionando organização, tecnologia, pessoas, mercados, produtos, serviços e tendências.

Inicialmente, faremos algumas considerações a respeito da estratégia e do planejamento estratégico.

Conceito de estratégia

Utilizada originalmente em situações militares, a noção de estratégia passou a ser adotada pelas empresas, pois, assim como na guerra, nos negócios é preciso selecionar e organizar os meios necessários para atingir o objetivo desejado.

Há vários conceitos de estratégia no âmbito da teoria administrativa. Para Henry Mintzberg[1], a estratégia é um modo de pensar o futuro de forma integrada dentro do processo decisório, por meio de um procedimento formalizado e articulador de resultados. Igor Ansoff[2] afirma que a estratégia deve considerar os seguintes aspectos: o negócio em que a empresa está inserida, as tendências do mercado, as decisões, o nicho competitivo e as características da linha de produtos e serviços.

Para Chandler[3] (ver Escola Contingencial), a estratégia deve ser definida como o processo que estabelece metas e objetivos de longo prazo para a empresa, que adota cursos de ação e aloca recursos para atingi-los, focando principalmente três elementos:

- cursos de ação para alcançar os objetivos;

---

1 MINTZBERG, H. *The strategy process:* concepts, contexts, cases. New York: Prentice Hall, 1995.
2 ANSOFF, I. et al. *Implanting strategic management.* New York: Prentice Hall, 1993.
3 CHANDLER, A. *Strategy and Structure.* Cambridge: MIT Press, 1962.

- busca de novas ideias;
- processo de formulação da estratégia.

Autores mais recentes da administração estratégica ressaltam a importância de planejar a estratégia ideal para que se atinjam os objetivos de acordo com as condições impostas pelo ambiente, aproveitando as oportunidades e se defendendo das ameaças que surgem, elaborando um plano que deve conciliar os diversos elementos:

- internos: pontos fortes, pontos fracos, recursos disponíveis (humanos, financeiros, tecnológicos etc.), habilidades existentes etc.;
- externos: oportunidades, ameaças, restrições, mudanças ambientais etc.

Assim, por meio da análise do ambiente e da organização, a empresa pode estabelecer a melhor maneira de atingir seus objetivos, seus recursos e as condições ambientais.

Inicialmente, a literatura sobre estratégia na administração ocupou-se das técnicas de planejamento estratégico. Com o tempo, passou também a abordar, além do planejamento, as fases de implementação, acompanhamento e avaliação. Dessa forma, a administração estratégica compreende:

- planejamento: etapa da elaboração;
- implementação: processo de colocar em prática a estratégia;
- controle: acompanhamento e avaliação.

Planejamento estratégico

O planejamento estratégico é o processo de elaboração da estratégia que projeta os objetivos e resultados esperados a longo prazo; considera a relação existente entre a empresa e seu ambiente e deve ser abrangente, envolvendo toda a empresa. A elaboração do planejamento relaciona os processos de análise do ambiente e de organização. Geralmente, os altos executivos da empresa são os responsáveis por sua elaboração.

Análise do ambiente

A análise dos fatores do ambiente - principalmente as ameaças e oportunidades, que variam dependendo da organização em estudo - é necessária porque a empresa deve estar atenta a determinados movimentos de outros elementos do ambiente competitivo, como os seus concorrentes e o mercado. Por isso, é muito importante a análise da concorrência em busca de informações que permitam prever com maior segurança a possibilidade de alguma ameaça por parte dos concorrentes ou mesmo de uma oportunidade de mercado motivada por novas ideias, novas necessidades ou novos métodos administrativos.

A empresa deve também, por meio de seu departamento de marketing, analisar as condições que o mercado lhe impõe, buscando informações que possibilitem a identificação de novas necessidades, novos nichos de mercado etc.

Outros elementos do ambiente aos quais a empresa deve estar atenta são a tecnologia, o governo e as condições econômicas, pois todos podem interferir diretamente na formulação de sua estratégia.

Análise da organização

É a análise dos elementos internos à empresa, com o propósito de identificar seus pontos fortes e fracos, por meio do levantamento de informações sobre as diversas áreas, considerando os aspectos financeiros, tecnológicos, humanos etc. Essa análise pode ser feita pelo estudo de seus clientes e mercados, produtos e serviços e de suas vantagens competitivas. Assim, a empresa procura estudar a evolução do número de clientes, o perfil destes, sua participação no mercado em relação à concorrência, a participação de cada produto/serviço, se há crescimento ou diminuição das vendas de determinado produto etc., analisando qual o fator que faz com que ela, seu produto ou serviço tenham sucesso em relação a seus concorrentes, ou seja, qual a vantagem competitiva existente. Estabelecem-se, assim, os seus pontos fortes e fracos.

Recursos

Administradores lidam com produtos, serviços, clientes, dinheiro, tecnologia e aspectos econômicos. Nem todos esses fatores, porém, são controlados pela empresa.

A inflação é a destruição sistemática da riqueza, corroendo e dissolvendo o valor dos ativos da empresa. Definida como uma alta geral de preços na economia, tem imediatas e amargas consequências no mercado de bens de consumo.

Se os preços na economia aumentam, o valor da moeda diminui; se os preços aumentam no presente, espera-se que aumentem no futuro. Em síntese, o valor futuro da moeda será consideravelmente menor do que o de hoje. A mesma quantidade de moeda comprará um número menor de bens.

O risco ou incerteza em relação ao futuro também é causa de declínio no valor do dinheiro. Como o futuro é incerto, a probabilidade de risco aumenta. A maioria das pessoas se dispõe a entregar seu dinheiro pela promessa de recebê-lo no futuro, desde que devidamente recompensadas pelo risco assumido.

A liquidez refere-se à facilidade com que os ativos podem ser convertidos em caixa. Não é um fim em si mesmo, mas uma ferramenta estratégica.

Os números contêm armadilhas que necessitam ser desmanteladas pelo administrador. Juros de 19% ao ano podem ser baratos ou caros, dependendo do regime de capitalização. Dizer que nossa dívida é 30% do PIB, enquanto a da Itália é 80% do PIB, sonega uma informação essencial: a real taxa de juros de cada uma dessas dívidas.

Dinheiro é recurso e, como tal, tem seu preço. Todo dinheiro aplicado na empresa um dia precisará ser reavido, e nesse dia seu custo será no mínimo a taxa de juros corrente.

Um negócio que rende taxas inferiores ao custo do dinheiro no mercado está operando deficitariamente e contra seu próprio futuro. Uma empresa está nos negócios para multiplicar seu patrimônio, maximizar seus lucros e, assim, valorizar o preço de suas ações. Tudo isso com o mínimo de risco possível.

Embora a maximização da riqueza seja entendida como a meta principal da empresa, ninguém sabe quando ela alcança seu limite máximo de riqueza. Altos lucros a curto prazo são possíveis desde que os administradores "aparem as arestas" e deixem de efetuar despesas desnecessárias. Potencializar a riqueza de uma empresa é mais do que isso.

A ilusão do lucro

Capital é um recurso que implica algum tipo de ônus, e mesmo que o seu custo não tenha sido elevado, terá de ser reavido mais cedo ou mais tarde. Nesse momento, os lucros têm de ser suficientes para, no mínimo, cobrir os custos do capital refinanciado.

A atividade, nos negócios, consiste em comprometer os recursos existentes (como o milho para semear, na expectativa futura de uma colheita) visando a obter lucratividade certa. As expectativas futuras são todas carregadas de risco, e qualquer atividade deixa de ser viável sem que se resguarde uma parte de seus lucros para assegurar a saúde financeira da organização e alimentar investimentos futuros.

O custo mínimo para manter uma empresa em atividade é o custo do capital. Projeções mal feitas levam a lucros ilusórios que, na verdade, ou são inferiores à taxa do capital, ou são custos encobertos, configurando perdas. Nesse caso, trata-se de um déficit não visível. É comum ver empresas fechando depois de apresentarem sucessivos balanços lucrativos.

QUADRO 2.1 :: Alguns cenários agressivos

Cenários agressivos possíveis	Alguns cenários agressivos na empresa
• desvalorização da moeda • retomada da inflação • governo perdido • reformas estruturais insuficientes • retomada das greves • orçamento público comprometido com a folha de pagamento (80% no caso do Brasil) • falências em cascata • recessão	• concorrente mais agressivo • sindicatos exigentes • produtos fatigados • dinheiro muito valorizado • crédito difícil • matéria-prima importada • projetos que consomem muito dinheiro • inventários altos • muito dinheiro em poder de terceiros • queda da rentabilidade

Estratégia de gestão em cenários agressivos

Em cenários agressivos, é preciso investir no crescimento interno ou desenvolver estratégias que conduzam a ele. Para isso, é importante transferir os recursos para as oportunidades de fato e descartar setores que não geram resultados.

Todo crescimento que demonstrar incremento na produção globalizada é sadio e deve ser alimentado e cultivado. Crescimento sem produtividade real, meramente cumulativo, é "gordura" que precisa ser enxugada para não afetar o desempenho e a lucratividade da empresa.

Gestão de recursos

A gestão de recursos abrange a elaboração de dois orçamentos: o operacional, para a produção definida em processo anterior e já em andamento; e o de oportunidades, para empreendimentos em projeção e prospecção.

O **orçamento operacional** deve ser alvo das seguintes perguntas: Este esforço é compensatório? Esta despesa é de fato necessária à empresa? Caso a resposta seja não, redefina os objetivos. Caso seja sim, estabeleça as prioridades para evitar "bolhas" nos procedimentos, que possam vir a comprometer a plenitude dos resultados.

O **orçamento de oportunidades** também deve ser alvo de indagações: É a oportunidade certa? Como combinar recursos e esforços para que essa oportunidade seja ou se torne produtiva? Quem é mais indicado para a elaboração do orçamento? O que estamos abandonando para iniciar a nova atividade?

Estratégia de descarte

Produtos ou serviços que deixam de ser efetivamente rentáveis devem ser excluídos das atividades da organização, podendo ser empregada a chamada **estratégia de descarte**.

Aquisições ou empreendimentos que pareciam interessantes, mas que depois de cinco anos mantêm resultados inexpressivos, são candidatos ao descarte: produtos ou serviços que perderam eficácia com as mudanças sociais e econômicas, bem como aqueles que se tornaram obsoletos por já terem alcançado e esgotado sua finalidade e aplicabilidade.

A empresa deve empregar a política de descarte mais precisamente em tempos de crise, questionando se a atividade-fim adotada é ainda a ideal para o mercado e os resultados que dela se esperam. Se a resposta for *não*, então, como sair? Como deixar de comprometer novos recursos? Essas perguntas devem ser feitas na fase de exuberância dos rendimentos e expansão da organização, para que os recursos não fiquem estagnados em propostas já exauridas. Poucas empresas estão dispostas a descartar o passado, e isso resulta na carência de recursos para o futuro.

Em cenários agressivos é preciso ter agilidade na superação de golpes súbitos e severos, além de saber aproveitar oportunidades inesperadas. Os recursos precisam ser concentrados no resultado, e para isso o passado, improdutivo e autofágico, deve ser abandonado.

Gestão de Pessoas em cenários agressivos

Nessas circunstâncias, a empresa deve dar a todos a oportunidade de uma segunda carreira e, ao mesmo tempo, romper com a estrutura tradicional, criando células funcionais (*task-force*), situação em que o empregado obedecerá a um planejamento de produtividade a ser monitorado, pois poderá sentir-se em ambiente desconhecido. Se necessário, a empresa deve planejar o desemprego.

Administração Científica

3

Antecedendo o estudo das escolas de administração, é importante conhecer a evolução do pensamento administrativo.

Para compreender a estrutura empresarial moderna e agir com precisão, o administrador deve conhecer o processo evolutivo das organizações nos últimos 100 anos. Várias correntes de pensamento foram aparecendo e influenciando a gestão dos negócios. Os quadros mostrados a seguir apresentam uma visão geral da evolução do pensamento administrativo.

QUADRO 3.1 :: Evolução do pensamento administrativo

N.	Época aproximada	Escolas	Outras denominações	Principal nome	Destaque
• 1	• 1890 a 1925	• Administração Científica	• Escola Mecanicista, Tradicionalista, • Americana	• Taylor	• Gantt
• 2	• 1890 a 1925	• Normativista	• Clássica, Europeia, Teoria Administrativa	• Fayol	• Gulick
• 3	• 1927	• Relações Humanas	• Behaviorista	• Mayo	• Kurt Lewin
• 4	• 1932 a 1940	• Comportamento Humano	• Behaviorista	• Argyres	• Simon McGregor
• 5	• 1940	• Burocracia	• Teoria da Burocracia	• Max Weber	• Merton Selznick Scott Bendix
• 6	• 1950	• Estruturalista	• Weberiana	• Etzioni	• Merton
• 7	• 1951	• Sistemas	• Sistemas gerais	• Ludwing Von Bertalanffy	• Katz, Kahn e Johnson

(continua)

(continuação)

N.	Época aproximada	Escolas	Outras denominações	Principal nome	Destaque
• 8	• 1954	• APO (Administração por Objetivos)	• Neoclássica	• Peter F. Drucker	• Alfred Sloan Jr.
• 9	• 1962	• Desenvolvimento Organizacional	• Behaviorista	• Leland Bradford	• Blake e Mouton
• 10	• 1972	• Contingência	• Administração da Tecnologia	• Lawrence e Lorsch	• J. D. Thompson
• 11		• Qualidade Total e Melhoria Contínua: tendência dos anos 1980 até nossos dias.			

Fonte: Elaborado pelo autor.

QUADRO 3.2 •• Resumo e visão geral do pensamento administrativo

Escolas	Ideias centrais	Visão da organização	Visão do homem	Visão crítica
• Administração Científica	• Economias; produção em série; subordinação funcional.	• Administração Científica	• Escola Mecanicista, Tradicionalista, Americana	• Taylor
• Normativista	• Centralização, unidade de comando, normas, divisão do trabalho, economias.	• Normativista	• Clássica, Europeia, Teoria Administrativa	• Fayol
• Relações Humanas	• Pessoas têm qualidades que precisam ser estimuladas; fatores emocionais interferem na eficiência do trabalho; o comportamento humano é complexo.	• Relações Humanas	• Behaviorista	• Mayo
• Comportamento Humano	• Os indivíduos participam, tomam decisões e resolvem problemas.	• Comportamento Humano	• Behaviorista	• Argyres
• Burocracia	• Padronização; definir a racionalidade burocrática; administração impessoal; responsabilidades do cargo definidas.	• Burocracia	• Teoria da Burocracia	• Max Weber

(continua)

(continuação)

• Estruturalista	• A pessoa vive em conflito com a organização, mas precisa adaptar-se a ela; a organização exerce forte influência no indivíduo.	• Estruturalista	• Weberiana	• Etzioni
• Sistemas	• Os sistemas existem dentro de sistemas; os sistemas são abertos; as funções de um sistema dependem de sua estrutura.	• Sistemas	• Sistemas gerais	• Ludwing Von Bertalanffy
• APO (Administração por Objetivos)	• Planejamento, formulação de políticas e relações com os clientes.	• APO (Administração por Objetivos)	• Neoclássica	• Peter F. Drucker
• Desenvolvimento Organizacional	• Clara percepção do que está ocorrendo nos ambientes interno e externo da organização; análise e decisão do que precisa ser mudado e a intervenção necessária para provocar a mudança, tornando a organização mais eficaz.	• Desenvolvimento Organizacional	• Behaviorista	• Leland Bradford
• Contingência	• São as características ambientais que condicionam as características organizacionais. Identificação das variáveis que produzem maior impacto sobre a organização, como o ambiente e a tecnologia.	• Contingência	• Administração da Tecnologia	• Lawrence e Lorsch

Fonte: Elaborad pelo autor.

Nos capítulos seguintes veremos cada escola do pensamento administrativo relacionada nos quadros exibidos.

A primeira escola do pensamento administrativo a ser abordada nesta obra e, talvez, a mais conhecida delas é a Escola Mecanicista ou a Teoria da Administração Científica. Seu expoente máximo foi Taylor, mundialmente famoso por suas ideias e formas de organizar a empresa e a produção.

Contudo, antes de estudar a Administração Científica, seria conveniente analisar suas origens. Elas estão ligadas às consequências geradas pela Revolução Industrial, principalmente a duas delas: *o crescimento acelerado e desorganizado das empresas*, que gerou um aumento da complexidade da administração e a necessidade de maior planejamento e, consequentemente, uma abordagem científica, substituindo a improvisação por métodos racionais de trabalho; e *a necessidade que as empresas passaram a ter de aumentar a eficiência e a competitividade*, procurando obter um melhor aproveitamento dos seus recursos para poder enfrentar a concorrência e a competição, que aumentavam a cada dia.

Além disso, as condições empresariais do começo do século XX eram ideais para o surgimento de uma nova teoria sobre a administração: grande número de empresas gerando grande concorrência, problemas de aproveitamento do maquinário instalado, com grandes perdas de produção devido a decisões mal planejadas, insatisfação entre os operários etc.

APRENDA MAIS

Frederick W. Taylor (20/03/1856 – 21/03/1915) – Nasceu na Filadélfia, viveu na Europa durante três anos e aos 18 anos começou a trabalhar como aprendiz na Hydraulic Works, fabricante de bombas a vapor. Depois da licenciatura em engenharia mecânica pela Stevens Institute of Technology, ascendeu a engenheiro-chefe da Midvale Steel Company, passando a diretor-geral da Manufacturing Investment Company. Em 1893, mudou-se para Nova York para trabalhar como consultor de engenharia.

A Teoria da Administração Científica consiste em uma análise temporal das tarefas individuais que permitia melhorar o desempenho dos trabalhadores. Depois de identificar os movimentos necessários para cumprir uma tarefa, Taylor determinava o tempo ótimo de realização de cada um deles, numa rotina quase mecânica.

Sua grande contribuição foi enfatizar a organização do trabalho e da produção, bem como a melhor utilização dos recursos humanos e materiais.

EXPLORE MAIS

http://www.administradores.com.br
http://www.portal-administracao.com

As contribuições de Taylor

Inicialmente, Taylor cuidou apenas de processos. Depois, tratou de estabelecer princípios destinados a generalizar aquilo que obtivera por meio de experimentações. Nessa fase, evidenciaram-se apenas três:

1. Atribuir a cada trabalhador a tarefa mais elevada possível, de acordo com as suas aptidões.
2. Solicitar a cada trabalhador produção igual ou maior que o padrão estabelecido (produção de um trabalhador hábil, não excepcional, da sua classe e no horário normal de trabalho).
3. Atribuir aos trabalhadores tarifas diferentes de remuneração por unidades produzidas, tarifas essas que seriam satisfatórias apenas para os trabalhadores que cumprissem o padrão estabelecido, e mais ainda para os que excedessem esse padrão.

Empenhado em auxiliar os operários a alcançar o máximo de produção/remuneração com o mínimo de esforço, Taylor passou a empregar na prática o estudo dos tempos e movimentos que iria fazer, mais tarde, a fama dos Gilbreth.

Na fase seguinte, emergiram os seguintes princípios:

1. Substituir, no trabalho, a improvisação e a atuação empírico-prática pela científica.
2. Escolher os trabalhadores e prepará-los para produzirem mais e melhor.
3. Controlar o trabalho para se certificar de que está sendo executado de acordo com as normas estabelecidas cientificamente.
4. Distribuir distintamente as atribuições e as responsabilidades: de um lado, o preparo, o planejamento e o controle do trabalho; de outro, a execução.

A esses quatro princípios explícitos juntam-se, na obra de Taylor, no mínimo outros 11, implícitos, muitos dos quais são desdobramentos dos anteriores:

1. Estudar cuidadosamente cada trabalho, antes de lhe fixar o modo de ser executado.
2. Estudar o trabalho dos operários, decompô-lo nos seus movimentos elementares e cronometrar cada um deles, para eliminar os inúteis e aperfeiçoar os úteis.
3. Selecionar cientificamente os trabalhadores (princípio que preparou terreno para o aparecimento da psicotécnica).
4. Dar aos trabalhadores instruções técnicas sobre como trabalhar.

5. Separar as funções de preparação e as de execução, dando-lhes atribuições precisas.
6. Especializar e treinar os agentes nas respectivas atribuições, tanto na preparação e no controle do trabalho quanto na execução.
7. Preparar a produção, estabelecendo excelente remuneração para quando forem atingidos ou ultrapassados os padrões estabelecidos.
8. Padronizar os utensílios a serem usados.
9. Dividir entre a empresa, diretores, executantes e consumidores as vantagens que resultarem do aumento da produção.
10. Controlar a execução do trabalho, para corrigi-lo, aperfeiçoá-lo e premiá-lo.
11. Classificar, de forma prática e mnemônica, os equipamentos, os processos e os materiais a serem empregados ou produzidos, no sentido de facilitar sua produção.

Objetivo principal dos sistemas de administração

O principal objetivo da administração deve ser assegurar o máximo de prosperidade ao patrão e, ao mesmo tempo, o máximo de prosperidade ao empregado.

A expressão *máximo de prosperidade* é usada em sentido amplo, correspondendo não só a grandes dividendos para a companhia ou empregador, como também ao desenvolvimento, no mais alto grau, de todos os ramos do negócio, a fim de que a prosperidade seja permanente. Dessa mesma forma, máxima prosperidade para o empregado significa, além de salários mais altos do que os recebidos habitualmente pelos obreiros de sua classe, o aproveitamento da mão de obra de modo mais eficiente, habilitando os trabalhadores a desempenhar os tipos de trabalho mais elevados para os quais tenham aptidões naturais e atribuindo-lhes, sempre que possível, esse gênero de trabalho.

Parece tão evidente o princípio de que a máxima prosperidade para o empregado deve ser o fim principal da administração, que seria desnecessário demonstrá-lo. E não há dúvida de que, em todo o universo produtivo, muitas organizações de empregadores, bem como de empregados, partem para o conflito antes de intentarem um acordo, não acreditando, a maioria, na possibilidade de manterem relações mútuas de diálogo e progresso.

Influência da produção na prosperidade de empregadores e empregados

Ninguém ousará negar que um indivíduo obtém maiores benefícios, isoladamente, quando alcança a plenitude da eficiência em seu desempenho diário. Este fato evidencia-se mais claramente quando duas pessoas trabalham juntas. Para exemplificar: se você e seu operário se tornaram tão treinados que juntos fazem dois pares de sapatos por dia, enquanto seu concorrente e o operário dele fazem somente um par, é claro que, depois de ter vendido os dois pares de sapato, você poderá pagar mais ao seu operário e ainda ter vantagem no lucro. No caso de uma indústria de maior porte, o custo/benefício será tanto maior quanto mais produtividade se obtiver do contingente humano empregado, combinado com o custo e o emprego racional das matérias-primas e a menor inversão de capital em instalações e maquinários. Sintetizando, tanto maior será a prosperidade de uma estrutura empresarial quanto mais se obtiver do trabalhador e do equipamento a seu serviço, e a correlação produtividade/remuneração deve ser observada com critério. Se, por acaso, seus empregados e máquinas estiverem produzindo menos do que os de seus concorrentes, é claro que não podem receber mais do que aqueles que trabalham para o concorrente. A tese é válida tanto para corporações privadas quanto para públicas, dentro ou fora do país.

FIGURA 3.1 Taylor foi o nome de maior expressão da Administração Científica

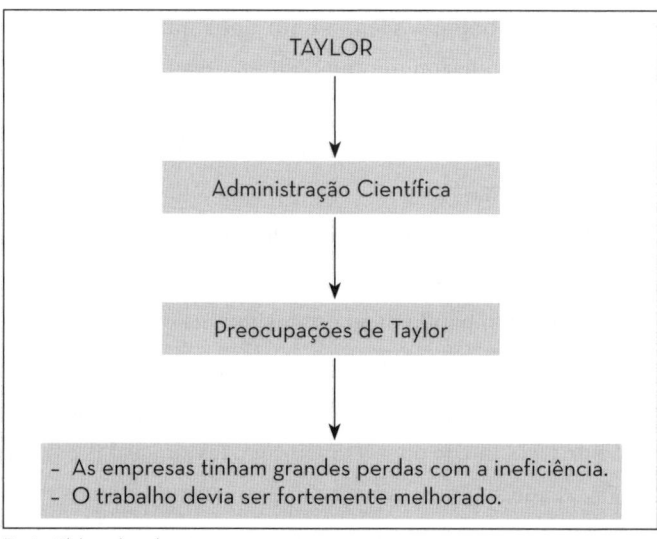

```
TAYLOR
   │
   ▼
Administração Científica
   │
   ▼
Preocupações de Taylor
   │
   ▼
- As empresas tinham grandes perdas com a ineficiência.
- O trabalho devia ser fortemente melhorado.
```

Fonte: Elaborada pelo autor.

A Administração Científica segundo Taylor

A Administração Científica é uma escola clássica de administração, que já recebeu também outras denominações: *clássica, americana* e *tradicionalista*. Inicialmente, Taylor chegou à conclusão de que a administração das empresas precisava ser melhorada e que havia muitas perdas com a ineficiência.

Diante da situação industrial colocada anteriormente, um grupo de engenheiros (sendo Taylor o principal deles) que trabalhavam na área operacional da empresa (chão de fábrica) desenvolveu trabalhos visando a conhecer o funcionamento das tarefas para assim elaborar um método de trabalho mais eficiente.

Taylor considerou que os problemas de falta de eficiência e de baixa produtividade da empresa estavam ligados ao fato de as pessoas não estarem satisfeitas no seu trabalho. Estudando o ambiente industrial, chegou à conclusão de que essa insatisfação era causada pela baixa remuneração recebida pelos funcionários, que a consideravam injusta e não incentivava a produzir mais.

A partir disso Taylor procurou criar um sistema de pagamento que fosse mais justo e que incentivasse o trabalhador a produzir mais, agradando os patrões sem desagradar os demais funcionários, seus companheiros de trabalho. A solução encontrada foi estabelecer uma produção-padrão, de acordo com a qual o funcionário receberia sua remuneração.

Para estabelecer qual seria essa produção-padrão era necessário determinar a melhor maneira de realizar cada tarefa (*the one best way*); em seguida, determinar quanto tempo um homem plenamente apto gastaria na execução dessa tarefa, estabelecendo, assim, um tempo-padrão. Dessa maneira, conhecendo o modo ideal e o tempo-padrão para executar uma tarefa, foi possível determinar a produção-padrão. Isso foi conseguido com o *estudo de movimentos e tempos*, como veremos mais adiante.

Assim, Taylor focou seus estudos no trabalho dos operários, procurando dividir as tarefas em seus elementos básicos, passando depois a cronometrar o tempo necessário para sua execução, eliminando movimentos inúteis e desperdício de tempo.

Sua teoria segue o caminho de baixo para cima na empresa, procurando aumentar a produtividade, melhorando a eficiência no nível operacional, dando ênfase à análise e à divisão do trabalho do operário. Ou seja, Taylor vai das partes para o todo, ao contrário de Fayol, que segue o caminho inverso, como veremos mais adiante.

Na segunda fase de seus estudos, Taylor estabelece a seleção científica do trabalhador, isto é, a necessidade, ao contratar um novo funcionário, de determinar, de acordo com suas habilidades pessoais, qual tarefa lhe é mais compatível. Define, portanto, o *homem de 1ª classe*, que é aquele que executa sua tarefa sem desperdício de tempo, evitando assim prejuízos para a empresa.

Por meio desse sistema, Taylor dava ao trabalhador a oportunidade de trabalhar com a máxima eficiência, recebendo em troca um salário superior àquele pago aos demais trabalhadores de sua categoria. Para Taylor, conseguia-se assim maior produtividade e rendimento, pois, na sua visão, tanto trabalhadores como empresa passavam a ter seus interesses atendidos, melhor remuneração de um lado e menor custo de produção do outro.

O estado-maior

Na visão taylorista, não havia como a empresa existir sem o seu estado-maior: o trabalho era planejado por um pequeno grupo de pessoas que comandava todas as demais, sendo responsabilidade desse grupo as funções de planejamento e coordenação.

O pessoal de preparação

Separando as funções, Taylor criou cargos específicos para encarregados, que passaram a ter a função de preparar o trabalho para os operários:

- **Encarregado das ordens de execução** – acompanhava as encomendas, o planejamento de execução e o seu andamento, inclusive no que tangia a abastecimentos, registros etc.
- **Encarregado das instruções** – tratava das minúcias da execução do trabalho, de acordo com o planejamento.
- **Encarregado do tempo** – registrava os tempos despendidos e chamava a atenção dos executantes para o que excedia o planejado.
- **Encarregado da disciplina** – tratava da administração do pessoal: recrutamento, seleção, comportamento, dispensa etc.

No campo restrito da execução, Taylor passou a usar também, nas mesmas condições, quatro **agentes de execução**:

- **Encarregado geral** – providenciava a matéria-prima, utensílios etc.
- **Encarregado de fabricação** – controlava o andamento do trabalho.
- **Encarregado de inspeção** – fazia o controle da qualidade dos produtos.
- **Encarregado da conservação** – cuidava da limpeza e manutenção das máquinas e ferramentas.

Para o bom funcionamento do sistema, Taylor estabeleceu o princípio da subordinação funcional, conceito segundo o qual um operário poderia receber ordens de mais de um chefe, desde que sobre matérias diferentes.

QUADRO 3.3 •: Estrutura básica da organização

A estrutura básica da organização era formada por:	
• Estado-maior	
• Encarregados de:	
– ordens de execução	– geral
– instrução	– fabricação
– tempo	– inspeção
– disciplina	– conservação
• Operários	

Fonte: Elaborado pelo autor.

As regras de recrutamento e seleção também foram estabelecidas tendo como princípio básico a seleção dos operários pautada na aptidão e no biofísico compatível com a função especificada, bem como em condições psicológicas e intelectuais. Ajustavam-se, portanto, os candidatos às exigências da função.

Operários

A opinião de Taylor sobre os operários era prática e objetiva: a empresa deveria dar oportunidade e condições para que eles obtivessem o máximo possível de ganho. Além disso, a empresa deveria tratá-los com justiça, respeitando sempre o seu modo de vida uma vez que cumprissem com as suas obrigações.

FIGURA 3.1 Taylor foi o nome de maior expressão da Administração Científica

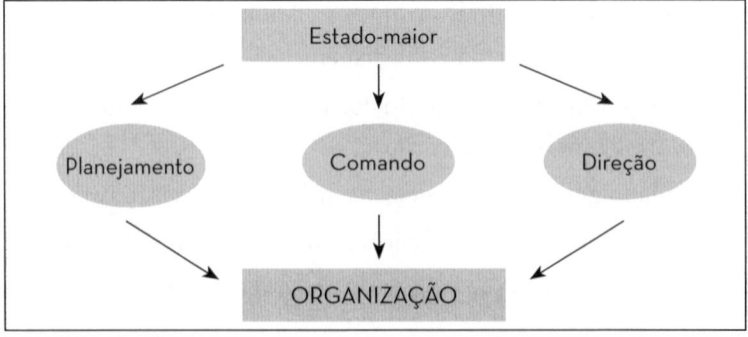

Fonte: Elaborada pelo autor.

A Administração Científica instituiu, também, o sistema de mérito, que consistia em:
- demissão dos incapazes;
- maior salário para os que produzissem mais;
- promoção para os que apresentassem melhor desempenho.

Já nessa época identificavam-se problemas similares aos atuais, como a cera no trabalho, que poderia ser demonstrada por meio de determinadas ações:
- operar uma máquina empregando apenas parte de sua capacidade de produção;
- trabalhar em ritmo lento;
- executar o trabalho sem que se pudesse prever se seria ou não concluída a cota estabelecida.

APRENDA MAIS

A cera no trabalho e suas causas:
- Informação infundada difundida entre os trabalhadores de que um maior rendimento do homem e da máquina resultará no desemprego de grande número de trabalhadores.
- Plano administrativo equivocado, que leva os empregados a reduzir o ritmo no trabalho a fim de proteger seus interesses.
- Método mal desenvolvido, implicando desperdício de boa parte da jornada de trabalho.
- Tendência do homem comum a trabalhar morosa e displicentemente.

Remuneração na Administração Científica

O sistema de remuneração em vigor anteriormente à Administração Científica consistia no pagamento por peças. Taylor inovou estabelecendo padrões de produção em escala que serviam de base para os pagamentos. Os operários mais produtivos ganhavam salários mais altos. Contudo, para adotar este sistema, era necessário especificar o trabalho a ser realizado a partir de desenhos, medidas e formas.

APRENDA MAIS

Taylor também desenvolveu estudos sobre a fadiga e seus efeitos sobre a produtividade. Sendo a fadiga a diminuição da capacidade funcional provocada por excesso de trabalho, acompanhada da sensação característica de mal-estar, ele achava que era preciso estudar suas causas e organizar o trabalho de forma a evitar que ela se instalasse entre os operários.

> A fadiga pode ser identificada por sinais como:
> - acúmulo de substâncias residuais no organismo humano, prejudicando o seu bom funcionamento;
> - desaparecimento das reservas orgânicas;
> - alteração dos centros nervosos;
> - ação tóxica em geral;
> - excesso de trabalho.
>
> A prevenção da fadiga poderia ser feita por meio de:
> - trabalho racionalizado;
> - eliminação das condições ambientais inadequadas;
> - intervalos de recuperação;
> - respeito à capacidade orgânica individual;
> - boa alimentação.

FIGURA 3.3 O operário deve ser pago conforme sua produção

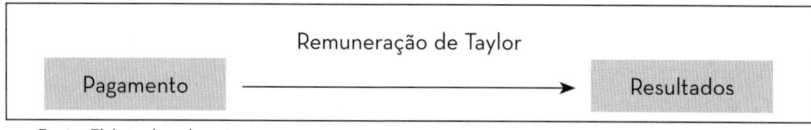

Remuneração de Taylor: Pagamento → Resultados

Fonte: Elaborada pelo autor.

Os três princípios fundamentais da Administração Científica de Taylor

1. Substituição do critério individual do operário por uma ciência.
2. Seleção e aperfeiçoamento científicos do trabalhador, que é avaliado, instruído, treinado e, pode-se dizer, experimentado, em vez de escolher os processos e aperfeiçoar-se por sua conta.
3. Cooperação íntima da administração com os trabalhadores, de modo que façam juntos o trabalho, pautados nas leis científicas desenvolvidas, em vez da adoção de medidas isoladas.

Com a aplicação desses novos princípios, em lugar do antigo esforço individual, e com a divisão equânime das responsabilidades entre a direção e os trabalhadores no cumprimento das etapas diárias de cada tarefa, a administração encarrega-se das atribuições para as quais está mais bem aparelhada, e os operários, das restantes.

A tarefa e a eficiência do empregado

A tarefa tornou-se elemento tão importante no funcionamento da Administração Científica que o sistema acabou conhecido como *administração de tarefas*.

Não há absolutamente nada de novo na ideia da tarefa. Cada um de nós há de lembrar ter sido submetido a esse princípio, com bom êxito, nos tempos de colégio. Nenhum professor eficiente pensa em dar à classe, para estudar, uma lição indefinida. Todos os dias uma tarefa é entregue ao aluno, pelo professor, na qual está estabelecido o que deve ser estudado de cada matéria, e é somente por esse meio que se pode assegurar um progresso contínuo. O estudante médio progrediria muito lentamente se, em lugar de lhe ser aplicada uma tarefa, deixassem-no fazer o que pudesse ou quisesse. Todos nós somos "crianças crescidas", e é igualmente certo que o operário médio trabalha com maior satisfação e segurança quando lhe é atribuída uma tarefa a ser cumprida diariamente, em tempo determinado, e que represente um dia de serviço para um bom trabalhador.

Isso proporciona ao operário uma medida precisa, pela qual pode, no curso do dia, apreciar seu próprio progresso, gerando grande satisfação pessoal.

Planejamento do serviço

Foi mencionada várias vezes a necessidade de instruir o homem, sistematicamente, a realizar o trabalho da melhor maneira. Parece razoável, entretanto, explicar mais detalhadamente como esse ensino deve ser feito. No caso de uma oficina que tenha adotado metodologia moderna, instruções escritas, minuciosas, a respeito do melhor processo para realizar cada tarefa são preparadas previamente na seção de planejamento. Essas instruções representam o trabalho combinado de vários homens, cada qual com funções específicas. Um deles, por exemplo, é especialista em determinar a velocidade adequada no corte dos metais e pode empregar as instruções como parâmetro para obter a velocidade conveniente. Outro analisa os movimentos mais precisos a serem empregados pelo trabalhador na colocação do material na máquina, e na sua remoção. Ainda um terceiro, por meio de registros de tempo, colhidos anteriormente, organiza uma escala do tempo com a velocidade adequada para cada fase da tarefa. As instruções de todos esses homens, entretanto, são escritas em uma simples folha ou ficha de instrução.

Salários

Na visão de Taylor era impossível manter operários trabalhando mais do que a média, por um longo período, a menos que lhes fossem assegurados aumentos significativos e constantes de salários. Essa série de experiências também comprovou que muitos operários estão sempre desejosos de trabalhar com maior rapidez, desde que verifiquem acréscimos em seus salários. Ao trabalhador, entretanto, deve-se garantir que esse aumento será permanente. As experiências mostraram que a porcentagem de aumento necessária para fazer um operário trabalhar com maior presteza depende da natureza do serviço que ele está executando. Isso implica não somente determinar para cada um a tarefa diária, mas também pagar-lhe boa gratificação ou prêmio todas as vezes que conseguir realizar a tarefa no tempo previsto.

A tarefa e a gratificação

Os indicadores *tarefa* e *gratificação* constituem dois dos mais importantes elementos do funcionamento da administração científica. Eles são especialmente importantes por estarem afetos, por assim dizer, à cúpula, e implicar correlação de todos os outros elementos, tais como seção de planejamento, estudo cuidadoso do tempo, métodos e ferramentas padronizados, sistema de rotina, treinamento de contramestres funcionais e instrutores e, em muitos casos, fichas de instrução etc.

Supervisores

Estes funcionários precisam passar a maior parte de seu tempo na seção de planejamento para ter à mão registros e dados que usam continuamente em seu trabalho, e também por necessitar de tranquilidade no desempenho de suas funções.

A natureza humana é tal que muitos operários, abandonados a si mesmos, dispensam pouca atenção às instruções escritas, tornando-se necessário designar instrutores, denominados chefes funcionais, para observar se os trabalhadores entendem e aplicam as instruções.

Na administração funcional, um único antigo contramestre é substituído por oito diferentes homens, cada um com atribuições especiais. Atuando como agentes de seção de planejamento, são líderes altamente treinados que, em todos os momentos, ajudam e orientam os trabalhadores. Escolhidos por seus conhecimentos e habilidades pessoais, estão capacitados não somente a dizer o que o trabalhador deve fazer, mas, em caso de necessidade, executar o serviço na frente do operário, de modo a ilustrar a melhor forma de realizar o trabalho. A um desses instrutores cabe observar se o trabalhador compreendeu os gráficos e as instruções de execução da tarefa. Ele ensina como realizar o trabalho de boa qualidade, isto é, perfeito, bem acabado, quando necessário, e como realizar o trabalho grosseiro, rápido, quando não couber grande perfeição, sendo ambas as atitudes igualmente importantes para o êxito.

Principais características da Administração Científica

Administração como ciência

Taylor estabeleceu a necessidade de estudar a administração e a organização da empresa cientificamente, e não empiricamente como vinha sendo feito até então e de haver um planejamento no lugar da improvisação. Dos elementos para a aplicação da Administração Científica, podemos destacar: estudo do tempo; supervisão funcional; sala de planejamento; padronização das ferramentas, dos instrumentos e do modo de trabalho; gratificação diferenciada e sistema de delineamento de rotina de trabalho.

Uma característica básica da organização deve ser a clara divisão do trabalho. Convém lembrar que Taylor estudou principalmente a divisão do trabalho no nível operacional.

Para ele, quanto mais um trabalho pudesse ser decomposto em tarefas cada vez mais simples, mais especializado seria o trabalhador e dessa forma poderia aprimorar suas habilidades em apenas uma tarefa específica, executando-a do modo mais eficiente possível; como consequência lógica, obter-se-iam maior eficiência, maior produção e, portanto, maiores salários e maiores lucros para a empresa.

Junto com a especialização e a consequente padronização do trabalho, Taylor estabeleceu também a padronização de métodos, máquinas e ferramentas, procurando sempre simplificá-los o máximo possível.

Além do aumento da eficiência, a especialização do operário exigia menor habilitação e preparo do pessoal, em razão da extrema simplicidade a que eram reduzidas todas as tarefas; não havia grande necessidade de treinamento dos funcionários e também ficava mais fácil fazer seu controle.

Taylor seguiu esse princípio em seu trabalho, pois acreditava que a eficiência da empresa é alcançada a partir do elemento fundamental que a constitui (o cargo ou a função). Como já dissemos, sua teoria vai das partes para o todo.

Separação entre quem pensa e quem faz

Para Taylor, deveria haver uma separação entre quem executa a tarefa e quem a elabora e planeja, o que o levou a sugerir a criação do departamento de planejamento. Esse departamento teria a função de pensar e sugerir mudanças para a área operacional, enquanto os operários se encarregariam apenas de executar as tarefas, ou seja, haveria total separação entre quem pensa e quem faz.

Conceito do *homo economicus*

Taylor achava que o estudo do trabalhador deveria ser feito por meio de uma abordagem econômica, considerando o homem motivado pela busca do dinheiro e pelo medo de perder o emprego. Ele adotou o conceito de *homo economicus* para caracterizar o operário, isto é, a ideia de que para trabalhar mais o homem é influenciado apenas pelo fator econômico, portanto só aumentará seu ritmo de trabalho se receber em troca recompensas financeiras.

Assim, o caminho a seguir era: selecionar o trabalhador mais apto para o cargo (seleção científica do trabalhador); ensinar a ele o melhor modo de executar a tarefa; e, por meio de recompensas financeiras e condicionando sua remuneração à sua eficiência, a empresa conseguir que ele produzisse o máximo possível, pois seu salário seria proporcional à sua produção.

Supervisão funcional

A divisão do trabalho levaria à descentralização da autoridade, com a especialização da supervisão, ou seja, existiriam vários supervisores, cada um especializado em determinada área. Assim, haveria supervisores de qualidade, de produção, de manutenção etc. Nesse sistema, o operário teria mais de um chefe/supervisor a quem deveria prestar contas.

Ênfase na eficiência

Este pode ser considerado o ponto principal da teoria de Taylor: determinar a maneira certa de executar alguma tarefa (*the best way*), sendo esta a melhor maneira de aumentar a eficiência na empresa.

Para atingir *the best way*, Taylor desenvolveu o estudo de movimentos e tempos, pelo qual estimou qual seria a produção-padrão a ser alcançada.

Além disso, ele percebeu que os trabalhadores não poderiam manter o mesmo ritmo de trabalho durante muito tempo, principalmente se o trabalho dependesse da força física dos homens. Eles logo ficariam cansados e diminuiriam o ritmo de trabalho. Para evitar isso, Taylor sugeriu que, durante o trabalho, fossem feitas algumas pausas que possibilitassem a os operários recuperar suas energias, evitar a fadiga e manter o mesmo ritmo de antes sem que a produção fosse prejudicada.

O princípio da exceção

Para controlar a produção, Taylor estabeleceu um sistema baseado nas exceções: o supervisor não se preocuparia com aquele funcionário que estivesse dentro do desempenho esperado ou dos padrões normais, mas, sim, com aquele que se afastasse desses padrões; este deveria ser estudado e analisado para que fossem encontradas as causas dessas diferenças. Desse modo, as exceções, tanto positivas como negativas, poderiam ser facilmente identificadas e tomadas as devidas providências.

Estudo de Movimentos e Tempos (EMT)

Taylor deu bastante atenção ao EMT, podendo ser citado como pioneiro neste campo. Partia do pressuposto de que o trabalho precisava ser observado para que resultasse no maior aproveitamento em menor espaço de tempo, poupando, assim, o trabalhador.

O EMT decide duas questões aflitivas para o empregado, a do tempo e a do esforço, empregando na avaliação do estudo de movimentos e tempos aparelhos e formulários.

Taylor acreditava que todo e qualquer trabalho admitia uma fórmula para ser aperfeiçoado, mas para isso era preciso estudar a tarefa, o local de trabalho, as máquinas e ferramentas.

FIGURA 3.4 EMT

Estudo → Movimentos

Tempos → Tarefa e tempos ideais

Fonte: Elaborada pelo autor.

Pioneiros

Os primeiros estudos de movimentos foram realizados por Vauban, nos idos de 1729, em serviços de terraplenagem. Mas o verdadeiro EMT começou mesmo com Taylor. Ganhou impulso com os Gilbreth, Frank e Lilian, na primeira década do século XX, seguidos por Barnes e Maynard, que, com seus estudos, trouxeram à luz novos elementos.

Conceito

O EMT é o estudo que visa a racionalizar o trabalho e alcançar a otimização da relação tempo-esforço, procurando identificar os melhores movimentos e tempos na execução de uma tarefa.

Instrumentos de EMT

- Fluxogramas.
- Cronômetros.
- Filmagem.
- Observação direta.
- Gráficos p. ex. (gráfico de Gilbreth).

Os *fluxogramas* são formulários em que são lançadas as análises de fluxo da produção.

Os símbolos mais utilizados são:

QUADRO 3.4 •• Símbolos

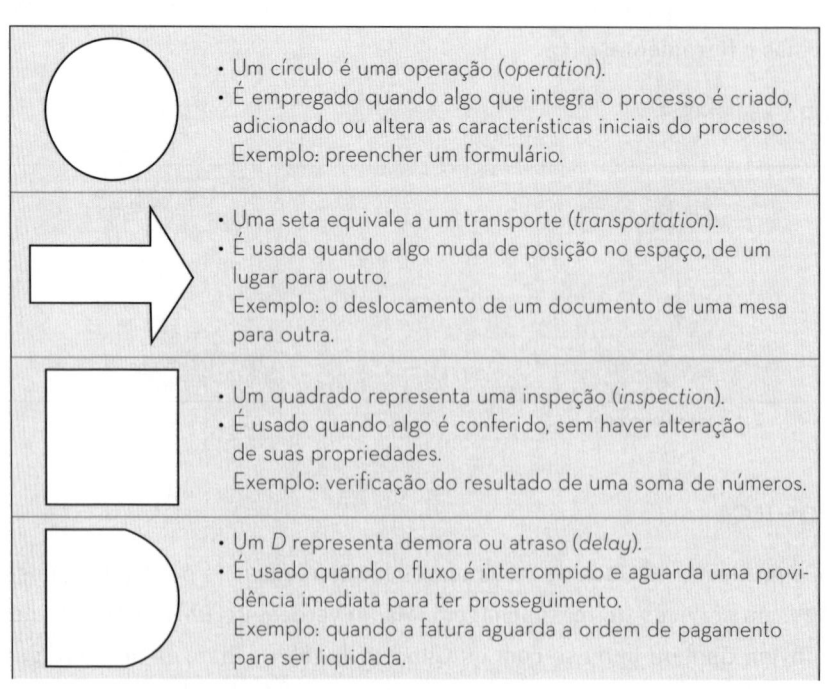

Símbolo	Descrição
○	• Um círculo é uma operação (*operation*). • É empregado quando algo que integra o processo é criado, adicionado ou altera as características iniciais do processo. Exemplo: preencher um formulário.
→	• Uma seta equivale a um transporte (*transportation*). • É usada quando algo muda de posição no espaço, de um lugar para outro. Exemplo: o deslocamento de um documento de uma mesa para outra.
□	• Um quadrado representa uma inspeção (*inspection*). • É usado quando algo é conferido, sem haver alteração de suas propriedades. Exemplo: verificação do resultado de uma soma de números.
D	• Um *D* representa demora ou atraso (*delay*). • É usado quando o fluxo é interrompido e aguarda uma providência imediata para ter prosseguimento. Exemplo: quando a fatura aguarda a ordem de pagamento para ser liquidada.

(continua)

(continuação)

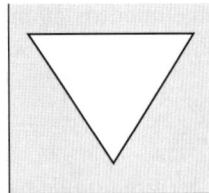

- Um triângulo com vértice voltado para baixo significa arquivamento ou armazenamento (*storage*).
- É usado para indicar que o fluxo da rotina de trabalho terminou.
  Exemplo: arquivamento após o indeferimento de um requerimento.

Premissa Básica do EMT
- "Todo trabalho pode e deve ter uma forma de ser aperfeiçoado."

Fonte: CURY, 2000.

A padronização de instrumentos de trabalho

Levou-se pouco tempo para descobrir um ou dois tipos de instrumentos que, embora imperfeitos se comparados aos modelos apresentados anos depois, se mostrassem superiores a todos os outros modelos e espécies em uso. Adotados como padrão, permitiram aumento imediato de velocidade no trabalho a todos os mecânicos que os utilizaram. Foram, todavia, substituídos em tempo relativamente curto por outros que se tornaram padrões, até que, por seu turno, cederam lugar a outros ainda mais aperfeiçoados.

A administração científica pede, em primeiro lugar, investigação cuidadosa de cada modificação sofrida pelo mesmo instrumento ainda durante a aplicação dos conhecimentos empíricos; depois, estuda o tempo para verificar a velocidade que cada um pôde alcançar e, reunindo num instrumento multiaplicável todas as características boas identificadas pelo estudo, permite ao operário trabalhar com maior agilidade e facilidade do que antes. Esse instrumento de múltiplas aplicabilidades substitui os empregados anteriormente, tornando-se padrão para todos os trabalhadores, até que seja suplantado por outro que se revele melhor pelo estudo do tempo e dos movimentos, ocorrendo, assim, o processo de aprimoramento dos diversos equipamentos a favor da superação sucessiva do índice de desempenho/produtividade.

O êxito das mais simples tentativas dessa natureza requer registro, sistematização e cooperação, ao contrário do que ocorria no passado, quando só contava o esforço individual.

Sistemática do EMT

1. Definição do campo de estudo.
2. Definição dos instrumentos a serem utilizados.

3. Observação do trabalho e sua decomposição em movimentos ou micromovimentos.
4. Registro das observações.
5. Identificação dos movimentos inúteis e fases inúteis.
6. Identificação das deficiências nos equipamentos, ferramentas e bancadas de trabalho.
7. Definição do tempo-padrão da tarefa (ou cálculo do tempo normal).
8. Implantação.

Recomendações sobre EMT

Regras e critérios a serem observados:

1. Uso do corpo humano:
   - as mãos devem começar e terminar seu trabalho ao mesmo tempo;
   - a quantidade de movimentos a ser realizada deve ser a menor possível;
   - o ritmo do trabalho deve ser natural.
2. Local de trabalho:
   - ferramentas e materiais devem estar próximos;
   - uso da gravidade para escoamento;
   - arranjos possibilitando boa visão;
   - luz, cores e assentos adequados.
3. Ferramentas e equipamentos:
   - não empregar as mãos em tarefas que podem ser feitas com os pés;
   - sempre que possível, projetar duas ferramentas em uma;
   - cabos de ferramentas e alavancas adaptados à conformação da mão humana.
4. Tarefa:
   - racionalizada, sem movimentos nem fases inúteis, com tempo normal e adequado de execução.

Algumas regras práticas de economia de movimentos

Uso do corpo humano

1. As duas mãos devem começar e terminar seus movimentos ao mesmo tempo.
2. As duas mãos não devem estar inativas ao mesmo tempo, salvo durante os períodos de repouso.
3. Os movimentos dos braços devem ser feitos simultaneamente em direções simétricas e em sentidos contrários.

4. Os movimentos manuais devem ser limitados à classe operária compatível com a execução do trabalho.
5. A quantidade de movimentos deve ser racionalizada sempre que possível, evitando o esforço físico desnecessário do trabalhador.
6. São preferíveis movimentos manuais suaves e contínuos aos movimentos em ziguezague ou em linha reta, com mudanças bruscas de direção.
7. O ritmo é indispensável para a execução suave e automática de cada operação e o trabalho deve ser estudado de modo a permitir um ritmo fácil e natural.

Relacionadas com o local de trabalho

1. As ferramentas e os materiais devem ocupar lugar fixo e definido.
2. As ferramentas, os materiais e os aparelhos de controle devem ser colocados próximos e diretamente em frente do operador.
3. Devem ser empregados compartimentos e recipientes que permitam o aproveitamento da gravidade para levar o material para perto do ponto de utilização.
4. Sempre que possível, deve-se utilizar a evacuação por gravidade.
5. As ferramentas e os materiais devem estar dispostos de maneira a permitir a melhor sequência de movimentos possível.
6. Devem-se adotar arranjos que assegurem a perfeita visão: a boa iluminação é a primeira exigência.
7. As alturas do posto de trabalho e do assento serão fixadas de modo a permitir que a pessoa trabalhe, alternadamente, sentada e de pé, com facilidade.
8. O assento deve ser de tipo e altura que permitam ao empregado manter postura cômoda para o trabalho.

Relacionadas com o projeto de ferramentas e equipamentos

1. As mãos devem ser desobrigadas de todo o trabalho que possa ser realizado vantajosamente por montagem ou dispositivo acionado pelo pé.
2. Sempre que possível, devem ser combinadas duas ou mais ferramentas em uma só.
3. Sempre que possível, as ferramentas e os materiais devem ser colocados previamente em posição de utilização.
4. Quando cada dedo realiza um movimento particular, como na digitação, o esforço ou a carga deve ser distribuído de acordo com as capacidades próprias de cada dedo.

FIGURA 3.5 Resultados do EMT

```
            Resultados do EMT
                   │
                   ▼
         ┌─────────────────────┐
         │   Melhor resultado  │
         │   Mais economia     │
         │   Menor cansaço     │
         │   Maior bem-estar   │
         └─────────────────────┘
                   │
                   ▼
          Benefícios para todos
```

Fonte: Elaborada pelo autor.

5. Os cabos empregados em manivelas e chaves de parafuso devem ser projetados de maneira a permitir o contato máximo da superfície com a mão. Isto tem especial importância no caso de esforços consideráveis. Para os pequenos trabalhos de montagem de conjunto, o cabo da chave de parafuso deve ser menor na base do que na ponta.

6. Alavancas, cabrestantes e volantes devem ser colocados de tal maneira que o operador possa manipulá-los envolvendo mínimo deslocamento de seu corpo para obter o melhor rendimento possível.

APRENDA MAIS

As regras de economia de movimentos são interdependentes e não absolutas.

Exemplo 1
Para carregar um balde d'água, estende-se na horizontal o braço oposto, movimento que equilibra o corpo e evita a intervenção de músculos mais potentes para manter esse equilíbrio.

Exemplo 2
Para manter seu ritmo constante, o ferreiro bate sem necessidade na bigorna quando muda o ferro a malhar de um lugar para outro.

Vantagens do EMT

- Trabalho racionalizado.
- Maior produtividade.
- Menor fadiga.

FIGURA 3.6 Vantagens do EMT

```
ESTUDO DE MOVIMENTOS E TEMPOS
              ↓
      AUMENTO DA EFICIÊNCIA
              ↓
      ELIMINAÇÃO DA FADIGA
              ↓
          PRODUTIVIDADE
        ↙        ↓        ↘
  MAIORES    BEM-ESTAR   ASCENSÃO
  SALÁRIOS    SOCIAL    PROFISSIONAL
```

Fonte: Elaborada pelo autor.

As ideias de Henry Ford

A teoria da administração científica teve em Henry Ford um seguidor diligente e aplicado. Suas ideias, aplicadas à produção de automóveis, acabaram conhecidas como "Fordismo". Henry Ford (1863-1947) nasceu nos Estados Unidos, onde viveu e morreu. Teve o mérito de haver construído o primeiro automóvel, que realmente caminhou em velocidade e condições apreciáveis, o que conseguiu depois de anos de tentativas.

Ford fundou em 1899 a Detroit Automobile Company, mas a sua produção não satisfez, e a empresa dissolveu-se. Voltou a realizar experiências, e, após numerosos ensaios, produziu um carro viável. Organizou, então, a Companhia Ford, que produziu carros cujos preços estavam ao alcance do grande público. Estabeleceu o "sistema de vendas Ford" e o "serviço Ford". Em 1913, já fabricava 800 automóveis por dia. Em 1914, estabeleceu o salário-mínimo de 5 dólares por um dia de 8 horas, quando, na maioria dos países, a jornada era de 10 a 12 horas, com salários menores.

Em 1915, saiu de suas fábricas 1 milhão de carros. Em 1926, eram já 88 as usinas Ford, cujo pessoal ascendia a mais de 150 mil homens e mulheres. A fabricação já era, então, de 2 milhões de automóveis por ano. No entanto, o mundo estava avançando. Novos tipos de automóveis foram aparecendo. E o "Modelo T" passou a não satisfazer às exigências do momento. Houve, pois, grande baixa na procura. A empresa teve que dispensar milhares de operários.

Em 1927, saiu das fábricas Ford o décimo milionésimo carro "Modelo T". As usinas foram completamente remodeladas, e, após muita propaganda, os primeiros dias de 1928 assistiram ao lançamento do "Modelo A", que iniciava nova etapa na evolução dos carros Ford. A fabricação em série, com linhas de produção adotada nas usinas Ford, não é invenção sua, mas um dos numerosos processos científicos que adotou, com maior êxito. Havendo velocidade prefixada para os andamentos das cadeias, o trabalho de montagem, nas fábricas, veio alterar em parte o estudado por Taylor e seus seguidores, no tocante à produtividade e ao seu estímulo, pois numerosos operários passaram a não poder produzir mais nem menos do que o prefixado, sob pena de prejudicarem a sincronização geral. Nesse ponto é que diferem as ideias de Ford e Taylor. Enquanto este tinha em vista racionalizar o trabalho visando à produtividade máxima, estimulando o operário para produzir mais, à vista de uma recompensa, Ford valorizava a sincronia ou produtividade ótima, onde se exigirá do operário que ele produza exatamente o que lhe foi atribuído. Fazendo-se uma leitura dos textos do marxista italiano Antonio de Gramsci (1981-1937) sobre o Fordismo, verifica-se que a sua origem decorre da necessidade da economia moderna em potencializar sua organização para a produção e reprodução de capital de modo mais veemente. Nas sociedades modernas, o Fordismo representava a substituição dos grupos plutocráticos por outro mecanismo de acumulação e distribuição do capital financeiro, fundado inicialmente sobre a produção industrial. Na visão de Gramsci, o Fordismo é algo geneticamente norte-americano, pois nos Estados Unidos não existia a velha estrutura social europeia, que resistiu fortemente à sua adoção. Nos Estados Unidos, com uma composição demográfica mais racional, sem o peso das tradições europeias, a primazia americana ficou com a produção industrial, que foi dominando progressivamente outros setores da economia, como o transporte e o comércio. Assim, existindo as condições preliminares satisfatórias, foi relativamente fácil racionalizar a produção e o trabalho, combinando o uso da força coercitiva, a persuasão pela propaganda, salários e benefícios sociais, e conseguindo deslocar sobre o eixo da produção toda a vida do país. A hegemonia nasce na fábrica e não tem necessidade, para se exercer, senão de uma pequena quantidade de intermediários profissionais da política e da ideologia. Nos Estados Unidos, a implantação do Fordismo não implicou substituição de um grupo social por outro. Tal fato não aconteceria em outros países, que dependiam da introdução de um novo agente social para afastar a velha classe plutocrática dominante.

A racionalização do trabalho, o estudo e o detalhamento, à exaustão de suas etapas componentes, redunda em exigir a presença de um homem alinhado com essa racionalização: o homem necessita estar psicologicamente adaptado à produção fordista. Na fábrica, o trabalhador desenvolve atividades automáticas, maquinais, que exigem notável dispêndio de energia física; trata-se de se fazer um trabalho coisificante, repetitivo. O Fordismo necessita também ganhar vida fora da fábrica e é preciso que os operários conservem um estado físico e psicológico para não prejudicar a primazia da produção. O Fordismo se estende da fábrica à casa do operário; são as proibições, as prescrições morais e regras de comportamento que precisam ser seguidas, tudo em vista do bem-estar da produção racionalizada. Todas as "doenças" devem ser combatidas: o alcoolismo, a indolência, a resistência sindical.

Na visão de Finelle¹ trata-se de construir uma nova visão do mundo, ou seja, "a partir de seus ritmos e de suas modalidades organizativas racionais e mecanizadas, a definição de um estilo de vida capaz de uma ética puritana, em oposição a comportamentos dissipados e improdutivos".

Em sua análise, Gramsci tem plena consciência de que a linha de montagem é capaz de uma produtividade industrial elevada. Essa produtividade vai exacerbar o processo de acumulação de capital, consagrando a primazia do capital financeiro na indústria. No Fordismo, a massa de operários não tinha como negociar as condições de trabalho e os salários. Sob intimidação, tratava-se de aceitar ou não as condições impostas, resultando na construção na fábrica de um ambiente progressivamente autoritário que condenava os resistentes ao desemprego. Os salários de 5 dólares por dia, de 1914, somente ocorreriam para os operários devidamente "aprovados" pelo Departamento Sociológico da Ford, depois de minuciosas análises de suas vidas pessoais e profissionais. O modelo de trabalho adotado na Ford baseou-se primariamente nas ideias de Taylor e a supremacia da empresa prosseguiu até o início dos anos 1920, quando a General Motors, sob a inspiração da distinção e do individualismo, ampliou e diversificou a escala produtiva. A Ford efetuou a demissão de um grande número de trabalhadores e teve que se ajustar aos novos tempos.

---

¹ FINELLI, R. *Americanismo e Fordismo em Gnamsai*. Mimeo, textos Gnamsa e o Rnasie, 2004. p.4.

VISÃO CRÍTICA

Críticas ao sistema: automatismo operário

Graças à instrução minuciosa, o trabalho torna-se tão cômodo e fácil para o operário que, à primeira vista, parece que o sistema tende a convertê-lo em mero autômato, em marionete. Habitualmente, ao trabalharem pela primeira vez sob o novo sistema, os operários se questionam por que não nos permitem pensar ou agir? Há sempre alguém intervindo ou fazendo por nós.

A teoria mecanicista fica muito restrita aos fatores diretamente relacionados ao cargo e à função do operário; desconsidera o elemento humano, considerando a empresa uma máquina rígida e estática, e procurando sempre o desempenho máximo, não o ótimo. Todo o seu estudo foi voltado para determinar como as tarefas deveriam ser organizadas e identificadas, intensificando e especializando cada vez mais o trabalho do operário, o que acabou tornando desnecessária a sua qualificação. Isso, à primeira vista, parece ser bom para a empresa, mas no longo prazo pode gerar conflitos com os trabalhadores, pois ao deixarem a empresa estes têm poucas chances de conseguir um outro emprego, já que só sabem executar uma tarefa. Contudo, para Taylor, o que importava era a eficiência administrativa, que só seria alcançada com a especialização do trabalhador.

Há nessa teoria uma visão microscópica do homem, que é tido como preguiçoso, ineficiente e influenciável pelo dinheiro e pelas condições materiais. Ela vê o homem somente como mais um elemento da "máquina", individualizando o trabalhador apenas com relação ao seu trabalho, desconsiderando-o como um ser humano social. Taylor considerou apenas a fadiga muscular e fisiológica, desprezando os fatores psicológicos. Todos os estudos relativos a movimentos mais eficientes e menos cansativos (iluminação, ventilação, proximidade das ferramentas) tinham como objetivo aumentar a eficiência, e não o bem-estar do funcionário.

Além disso, a teoria vê as empresas como um sistema fechado, não considera o ambiente, sua ligação com fornecedores, concorrentes etc., preocupa-se apenas com a parte interna da empresa, e mesmo essa avaliação interna é ainda incompleta, pois limita-se aos aspectos formais da organização, deixando de levar em conta os fatores humanos e informais, restringindo-se ao chão de fábrica, não abordando aspectos financeiros, comerciais etc.

Críticas ao sistema: automatismo operário

A mesma crítica, entretanto, pode ser apresentada contra todos os modernos sistemas de divisão do trabalho. Não quer dizer, por exemplo, que o cirurgião de hoje seja um homem de espírito mais limitado se comparado a seus ancestrais. Um colonizador, por exemplo, não devia ser somente cirurgião, mas também arquiteto, construtor, carpinteiro, agricultor, soldado e médico, além de resolver todos os casos jurídicos com uma espingarda. Não se pode dizer que a vida de um cirurgião moderno seja mais limitada ou que ele seja mais autômato do que o colonizador. Os numerosos problemas a serem resolvidos pelo cirurgião, complicados e difíceis, exigem tanta visão quanto aqueles enfrentados pelo antigo colonizador. Note-se que o treinamento do cirurgião tem sido quase idêntico ao tipo de instrução e exercício que é ministrado ao operário sob a administração científica. O cirurgião, durante seus primeiros anos de estudo, é submetido à orientação imediata de homens mais experientes que lhe mostram minuciosamente como executar cada procedimento de sua tarefa. Entregam-lhe os melhores instrumentos, propiciando-lhe o uso dos melhores processos. Esse método de ensinar não o limita no desenvolvimento do espírito. Ao contrário, dota-o dos melhores conhecimentos que vieram de seus predecessores e o faz servir-se das ferramentas-padrão e dos métodos que representam melhor a ciência no momento, possibilitando, efetivamente, que ele faça progressos dentro da comunidade científica universal. Do mesmo modo, sob a ótica da administração científica, o trabalhador é instruído por muitos chefes e tem oportunidade de se aperfeiçoar, pelo menos, de modo igual e possivelmente melhor do que quando em-pregava as limitadas noções dos procedimentos no trabalho de que dispunha.

Se fosse possível ao trabalhador aperfeiçoar-se, tornando-se hábil e capaz, sem ensinamentos e auxílio de leis formuladas a respeito de suas funções, a lógica seria a de que também o menino no colégio aprenderia melhor matemática, física, química, latim, grego etc. sem auxílio algum e por si mesmo. A única diferença nos dois casos é que os estudantes vão aos professores, enquanto, pela própria natureza do trabalho dos mecânicos, sob a administração científica, os instrutores devem ir ao encontro deles.

O trabalhador dotado de certa capacidade fica habilitado a realizar serviços mais complexos, interessantes e proveitosos do que podia fazer antes. O operário, anteriormente não capacitado a executar outro trabalho além da remoção do lixo com pá e carrinho de mão, de um lugar para outro na fábrica, passa a realizar trabalhos elementares de mecânica, em ambiente mais agradável, de interesse mais variado e recebendo salários mais elevados. O mecânico de salário baixo ou o ajudante, que antes apenas acionava a prensa, aprende a fazer serviços mais difíceis e valorizados no torno e na planadora, enquanto os mecânicos mais inteligentes e habilidosos se tornam contramestres funcionais e instrutores. E assim sucessivamente.

◯ RESUMO

A Administração Científica surgiu, aproximadamente, em 1889, e recebeu esse nome em razão de sua tentativa de aplicar métodos científicos aos problemas da administração, com a finalidade de alcançar elevada eficiência industrial.

Sua preocupação original foi eliminar o fantasma do desperdício e das perdas sofridas pelas indústrias americanas e elevar os níveis de produtividade por meio da aplicação de métodos e técnicas de engenharia industrial.

O precursor da administração científica foi Frederick Winslow Taylor, que se fundamentou nos seguintes aspectos:

- estudo de movimentos e tempos;
- fragmentação de tarefas;
- especialização do trabalho;
- definição de cargos e salários;

- incentivos salariais de produção;
- convicção de que o salário é a única fonte de motivação do trabalhador.

A *Administração Científica* ou *Escola Mecanicista* é criticada por sua visão de organização muito rígida, considerando o homem como uma máquina. Quando, por exemplo, Gilberth estuda a fadiga humana, ele se volta somente para o aspecto fisiológico, enquanto a fadiga mais sutil, a nervosa, é ignorada.

No entanto, sem dúvida nenhuma, a Administração Científica foi um importante passo na busca de uma teoria administrativa.

Taylor acreditava que a responsabilidade pelo modo de execução do trabalho não cabia ao operário, mas aos chefes, que passariam a ser encarregados da direção efetiva do trabalho.

→ NA PRÁTICA

Para consolidar a aprendizagem, apresentamos algumas perguntas baseadas no texto e aplicadas às situações práticas de trabalho.

Questionário

1. Quais foram as origens da teoria de Taylor?
2. Por que Taylor se preocupou com a questão salarial?
3. Quais as principais características da *Administração Científica*?
4. Qual o conceito de homem econômico?
5. O que é subordinação funcional?
6. O que é estado-maior?
7. Havia aspectos positivos nas ideias de Taylor? Explique.
8. Quais as críticas que podem ser feitas à *Administração Científica*?

Exercícios de aplicação

1. Você acha que sua empresa não oferece boas condições físicas de trabalho aos empregados. Que sugestões faria à sua chefia para melhorar/aperfeiçoar as condições de trabalho dos funcionários?

    Henry Lawrence Gantt, amigo de Taylor, preocupado com o desenvolvimento profissional do homem, fez algo diferente: um salário-base fixo mais prêmios por produção. O que você acha de um e de outro?

2. Seu chefe, o gerente Pedro, não se entende bem com o diretor, João. Num belo dia, o diretor pede para você preparar um relatório. Seu chefe está no escritório. Você faz o relatório e o entrega a quem?

3. Um mecânico está desempregado há seis meses. Você tem uma vaga para *office-boy*. Ele insiste muito e você o contrata. Três meses depois ele pede demissão, empregando-se em uma metalúrgica. Como você explicaria o ocorrido a seu chefe?

4. Um grupo de auxiliares do departamento financeiro o procura, alegando que os operários da oficina/manutenção ganham salários maiores, recebem uniforme três vezes por ano e têm direito a lanche; muitos não cursaram o ensino fundamental. Já o pessoal administrativo, que cursou o ensino médio, é obrigado a comprar roupas e a estudar para garantir a permanência no trabalho, reclamando, frequentemente, que a situação não é justa. Como resolver o problema?

5. O eletricista da fábrica recusa-se a elaborar plantas para os serviços elétricos feitos na fábrica. Certo dia, ao derrubar uma parede, a manutenção, sem saber de sua existência, cortou um cabo elétrico, deixando a fábrica sem luz. Que solução dar ao caso?

6. Relacione pontos que causam satisfação e insatisfação no trabalho.

7. Faça uma pequena lista do que você entende como desperdícios em uma empresa.

Escola Normativista

4

Sem dúvida alguma, depois de Taylor, o francês Henry Fayol é o mais conhecido dos pensadores administrativos modernos. Suas ideias e contribuições estão reunidas na Escola Normativista, que será explicada a seguir.

FIGURA 4.1 Funções da empresa segundo Fayol

Segundo Fayol, a empresa tem seis funções básicas

Técnicas →	Fabricação
Comerciais →	Vendas/Compras
Financeiras →	Recursos
Segurança →	Proteção
Contábeis →	Registros
Administrativas →	Gerência

Fonte: Disponível em: <www.portal-administracao.com>. Acesso em: 17 nov. 2015.

A Escola Normativista, corrente do pensamento administrativo, foi fundada pelo engenheiro francês Fayol, e é conhecida também como clássica, tradicionalista, europeia, anatomista e fisiologista. Por que normativista? Por ser a escola das normas, dos princípios, de um sistema de regras administrativas.

Assim como Taylor, Fayol buscava a eficiência nas organizações por meio da utilização do método científico na administração da empresa; porém, enquanto o primeiro buscou o aumento da eficiência no nível operacional, a teoria de Fayol se caracterizou pela ênfase na estrutura, procurando aumentar a eficiência com um melhor arranjo dos diferentes setores da empresa e das relações existentes entre eles, enfatizando principalmente o estudo da anatomia (estrutura) e da fisiologia (funcionamento) da organização. Portanto, enquanto o estudo de Taylor teve como base inicial o trabalho individual, indo das partes para o todo, Fayol fez o caminho inverso: via a empresa de cima para baixo, partindo do todo (empresa) para as suas partes (diferentes áreas ou departamentos).

APRENDA MAIS

Henry Fayol (1841-1925) nasceu em Constantinopla, estabelecendo-se mais tarde na França. Graduou-se engenheiro de minas pela Escola Nacional de Minas em Saint Étienne, em 1860. Trabalhou toda a sua vida em uma empresa de mineração de carvão e fundição de ferro.

O sucesso profissional se tornou visível quando, após ser promovido a gerente-geral, revitalizou a companhia em que trabalhava. Foi com base nas suas experiências que desenvolveu a Teoria Administrativa ou Teoria Clássica da Administração.

Fez parte da direção da "Houillère de Commentry" e, mais tarde, de outras empresas. Em fins do século XIX, tornou-se diretor-geral da Société Commentry Fourchambault e Decazeville, entregando-a, em 1918, ao seu sucessor em grande fase de prosperidade econômica, financeira e técnica, permanecendo como conselheiro da administração. Quando louvavam o êxito por ele obtido, explicava que qualquer pessoa obteria os mesmos resultados desde que respeitasse os princípios e empregasse os processos que preconizava. Era simples questão de sistema, dizia ele, e não de pessoa.

Em 1916, publicou o seu famoso livro *Administration industrielle et générale*, que o elevou à condição de um dos maiores colaboradores da teoria administrativa. Nessa obra, defende o princípio de que qualquer empresa tem apenas seis gêneros de funções; inovou o conceito de administração; explicitou 14 princípios gerais de administração e aventou a conveniência do ensino da Administração Geral.

Principais obras de Fayol: além de artigos em revistas, alguns dos quais fizeram sensação, como *Importance de la function administrative dans le gouvernement des affaires*, deixou os livros *Administration industrielle et générale*, editado em Paris no ano de 1916 e que alcançou, no mesmo ano, várias edições; *L'éveil de l'esprit publique*, em colaboração com *Vamxem e Desaubliaux*, Paris, 1917; e *L'incapacité industrielle de l'Etat*, Paris, 1921.

EXPLORE MAIS

http://www.portaladm.adm.br
http://www.portal-administracao.com

Muitos livros de administração definirão como funções básicas do administrador: planejar, organizar, dirigir e controlar. Um ou outro autor poderá dividir algumas dessas funções em duas ou mais, mas a ideia básica se manterá, sem alterações significativas que levem a um caminho diferente.

Essas definições tiveram origem nos estudos de Fayol, em seu livro de 1916, *Administração geral e industrial*. Ao definir as funções da empresa, ele diz que a administração é distinta das outras (técnicas, comerciais, financeiras etc.) e é constituída por cinco funções: previsão, organização, direção, coordenação e controle. A seguir, detalharemos cada uma.

As funções da empresa na visão de Fayol

O conjunto de operações de toda empresa pode ser dividido em seis grupos:

- Técnica: produção, fabricação, transformação.
- Comercial: compras, vendas, permutas.
- Financeira: procura e gerência de capitais.
- De segurança: proteção de bens e de pessoas.
- De contabilidade: inventários, balanços, preços de custo e estatísticas.
- Administrativa: previsão, organização, direção, coordenação e controle.

Esses seis grupos de operações ou funções essenciais são observáveis em qualquer empresa, seja ela simples ou complexa, pequena ou grande.

Os cinco primeiros grupos são bem conhecidos, bastando poucas palavras para delimitar as respectivas atribuições. O grupo administrativo requer explicação mais ampla.

Função técnica

A função técnica nem sempre é a mais importante. Mesmo nas empresas industriais, há circunstâncias em que qualquer uma das outras funções pode ter influência muito maior no desenvolvimento da empresa do que a função técnica.

É preciso recordar sempre que as seis funções essenciais vivem em estreita interdependência. A função técnica, por exemplo, não pode subsistir sem matérias-primas e mercados para seus produtos, sem capitais, sem garantias e sem previsão.

Função comercial

A prosperidade de uma empresa industrial depende tanto da função comercial quanto da função técnica; se o produto não se vende, a empresa não gera resultados. Saber comprar e vender é tão importante quanto fabricar bem.

A habilidade comercial, unida à sagacidade e à decisão, implica profundo conhecimento do mercado e da força dos concorrentes.

Função financeira

Está envolvida em todas as ações da empresa, uma vez que gerencia o capital necessário para pagamento de salários, aquisição de equipamentos e matérias-primas, pagamento de dividendos, realização de melhorias nos edifícios e constituição de reservas. É indispensável ter habilidade na gestão dos fundos a fim de empregá-los bem, evitando aplicações indevidas e maléficas para a saúde financeira da organização.

Constitui condição essencial de êxito ter constantemente à vista a situação econômica da empresa.

Função de segurança

Sua missão é proteger os bens e as pessoas contra roubo, incêndio e inundação, evitar greves e atentados e, em geral, todos os obstáculos de ordem social que possam comprometer o progresso e mesmo a própria existência da empresa.

Função de contabilidade

Constitui-se no departamento de organização e fiscalização do setor financeiro das empresas, revelando, a todo momento, a posição e o rumo do negócio. Deve dar informações exatas sobre a situação econômica da empresa.

Uma contabilidade eficiente e clara, que dê ideia precisa das condições da empresa, é fator norteador das ações que ela deve empreender no sentido de maximizar o resultado custo/benefício e gerar lucro.

Função administrativa

Nenhuma das cinco funções precedentes tem o encargo de formular o programa geral de ação da empresa, de constituir o seu corpo social, de coordenar os esforços, de harmonizar os atos. Essas operações não fazem parte das atribuições de caráter técnico nem tampouco das funções comercial, financeira, de segurança ou de contabilidade. Elas constituem outra função, designada habitualmente sob o nome de administração, cujas atribuições e esfera de ação são muito mal definidas.

Importância das funções

A principal função do operário é a técnica, como a do diretor é a administrativa. À medida que se sobe na escala hierárquica, o coeficiente administrativo aumenta, e vice-versa, embora nas estruturas empresariais mais complexas o setor técnico também se veja envolvido com questões administrativas, mais precisamente com as de sua respectiva área de abrangência.

Resguardadas algumas exceções, a função técnica é o esteio das pequenas empresas, enquanto nas maiores a administrativa é a que dá sustentação. Nas empresas médias observa-se equilíbrio entre as duas forças.

Funções administrativas

Previsão

Os conceitos de *direção* e *prevenção* dão uma ideia da importância que se atribui à previsão no universo mercantil. Prever, nesse contexto, significa calcular e delinear ações futuras com vistas ao bom desempenho da corporação com relação às exigências estabelecidas pela competitividade, e obter êxito.

A previsão manifesta-se a partir de esforços conjugados pelos diversos setores, do técnico ao administrativo, voltados às ações lastreadoras de um futuro promissor para a empresa.

O **programa de ação** está voltado ao resultado visado, à linha de conduta a seguir, às etapas a vencer e aos meios a empregar, consistindo numa prospecção em que metas a curto prazo despontem com clareza e as ações futuras figurem sólidas, assegurando marcha segura à empresa.

O programa de ação baseia-se:

- nos recursos da empresa, ou seja, patrimônio, equipamentos, matérias-primas, capitais, pessoal, capacidade instalada de produção e mercados;
- nas possibilidades futuras da empresa.

A preparação do programa de ação é uma das operações mais importantes e difíceis dentro da empresa, exigindo a ação de todos os chefes.

No cumprimento de sua função de administrador, o chefe, ao encabeçar o programa de ação, indica seu objetivo e extensão, fixa a parte de cada serviço na obra, coordena as partes, harmoniza o conjunto e decide qual a linha de conduta seguir, exigindo não somente que nada conflite com os princípios e regras da boa administração mas, ainda, que as disposições adotadas facilitem sua aplicação.

Como será um bom programa de ação?

Ninguém contesta a utilidade do programa de ação, pois ignorá-lo leva a situações de hesitação, falsas manobras, mudanças intempestivas de orientação, vindo a ocasionar o comprometimento dos negócios. A opinião geral é que o programa de ação se tornou indispensável às manobras estratégicas de gerenciamento empresarial.

FIGURA 4.2 Funções da administração segundo Fayol

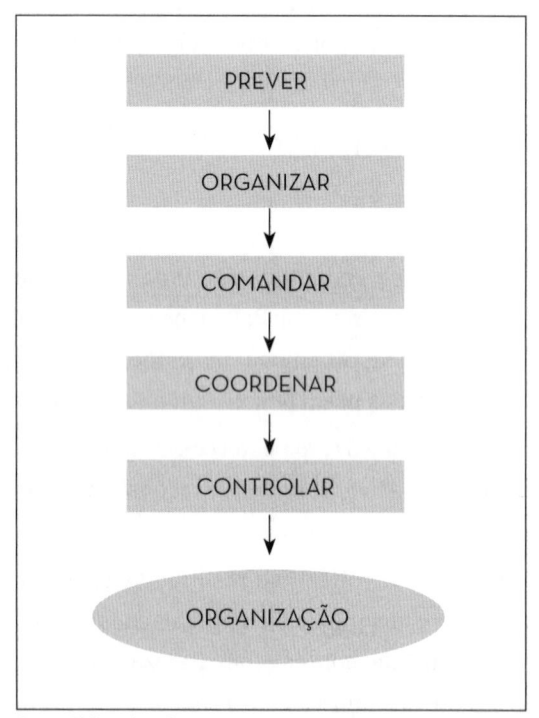

```
PREVER
  ↓
ORGANIZAR
  ↓
COMANDAR
  ↓
COORDENAR
  ↓
CONTROLAR
  ↓
ORGANIZAÇÃO
```

Fonte: Elaborada pelo autor.

São diversos os tipos de programa: simples ou complexos, sucintos ou detalhados, de longa ou curta duração. Verificam-se programas elaborados com minúcia, enquanto outros recebem tratamento superficial, revelando-se bons, medíocres e ruins.

Há um princípio que sugere não aplicar mais de um programa por vez, evitando ações dúbias que gerariam confusão e desordem. Entretanto, um programa pode ser elaborado em partes, a exemplo do que ocorre em grandes empresas, onde encontramos, *pari passu* com o programa geral, um programa técnico, um comercial ou financeiro, ou, ainda, um programa de conjunto detalhado em programas específicos para cada serviço, embora entrelaçados, unidos de maneira a constituírem um todo, com qualquer modificação em uma das partes refletindo-se de imediato no conjunto.

O programa deve ser bastante flexível, passível de ser adaptado às modificações impostas pela pressão dos acontecimentos sem perder de vista as propostas normativa e diretiva nele contidas.

As características gerais de um bom programa de ação são unidade, continuidade, flexibilidade e precisão.

Organização

Organizar uma empresa é estruturá-la a partir do gerenciamento de um capital inicial que irá manter sua atividade-fim com funcionamento determinado por dois organismos: o social, composto de diretoria geral e demais diretorias, conselho administrativo e grupo de acionistas, seguido do corpo operário comandado pelas respectivas chefias; e o material, que consiste nos edifícios que irão comportar os maquinários e equipamentos destinados a transformar matérias-primas em artefatos de consumo.

FIGURA 4.3 Organizar é prover os recursos materiais necessários à organização

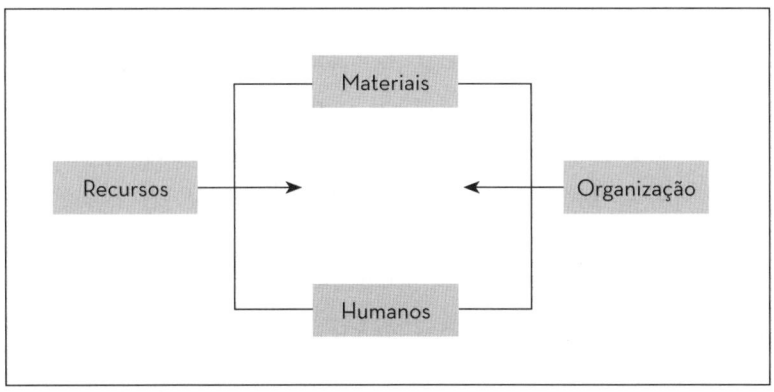

Fonte: Elaborada pelo autor.

Missão administrativa do corpo social

Provido dos recursos materiais necessários, o corpo social deve ser capaz de cumprir as seis funções básicas, isto é, executar e finalizar todas as operações que a empresa comporta. Cabe ainda ao corpo social desempenhar as seguintes atribuições:

- zelar para que o programa de ação seja preparado e executado;
- zelar para que os organismos social e material sejam compatíveis com o objetivo, os recursos e as necessidades da empresa;
- estabelecer uma direção única, competente e forte;
- coordenar os esforços;
- formular decisões claras;
- concorrer para que se efetue um bom recrutamento;
- definir claramente as atribuições;
- encorajar as iniciativas e responsabilidades;
- remunerar equitativa e habilmente os serviços prestados;
- aplicar sanções contra as faltas e os erros;
- manter a disciplina;
- zelar para que os interesses particulares sejam subordinados ao interesse geral;
- dar particular atenção à unidade de comando;
- zelar pela ordem material e social;
- manter tudo sob controle;
- combater os excessos burocráticos e normativos.

Comando

Constituída a empresa, é preciso fazê-la funcionar atribuição exclusiva do comando, dividido entre as diversas diretorias e chefias subordinadas, que respondem individualmente por suas respectivas unidades.

A arte de comandar repousa sobre certas qualidades pessoais e o conhecimento dos princípios gerais da administração. O profissional com responsabilidade de comando deve:

- ter profundo conhecimento de seu pessoal;
- excluir os incapazes;
- dar bom exemplo;
- fazer inspeções periódicas do corpo social;
- reunir seus principais colaboradores em reuniões destinadas a estabelecer direcionamentos e convergência de esforços;
- não se deixar absorver por detalhes secundários;
- incentivar nas pessoas a iniciativa e a dedicação.

FIGURA 4.4 Organizar é prover os recursos materiais necessários à organização

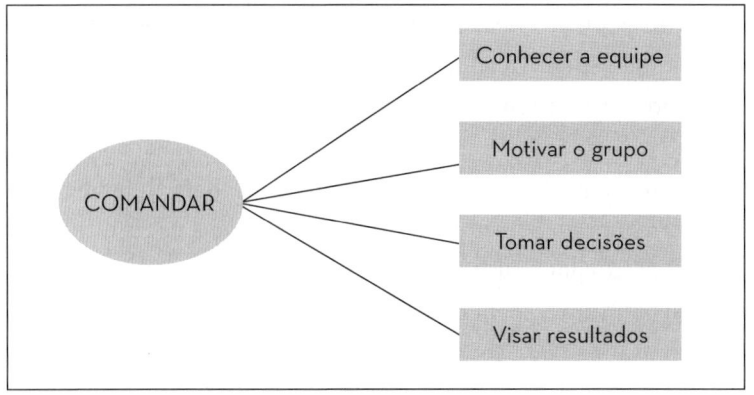

Fonte: Elaborada pelo autor.

Coordenação

Coordenar é estabelecer a harmonia entre todas as ações e os esforços gerados para facilitar o funcionamento e alcançar o sucesso da empresa, segura e economicamente, delimitando as responsabilidades dos núcleos administrativo, técnico e comercial. Em uma empresa bem coordenada, observam-se os seguintes fatores:

- Cada serviço obedece à rotina sequencial dos demais: o setor de abastecimento sabe em que e quando prover; a produção, por sua vez, tem cotas e prazos a cumprir; à manutenção cabe manter as ferramentas e os maquinários em bom estado; o financeiro gera e destina o capital; o serviço de segurança assegura a proteção de bens e pessoas; e assim sucessivamente.
- Em cada unidade, as divisões e subdivisões são informadas com precisão sobre as respectivas competências e responsabilidades.
- O programa de ação monitora os diversos setores e serviços no sentido de maximizar os resultados das respectivas atribuições.

FIGURA 4.5 Coordenar é sincronizar as ações

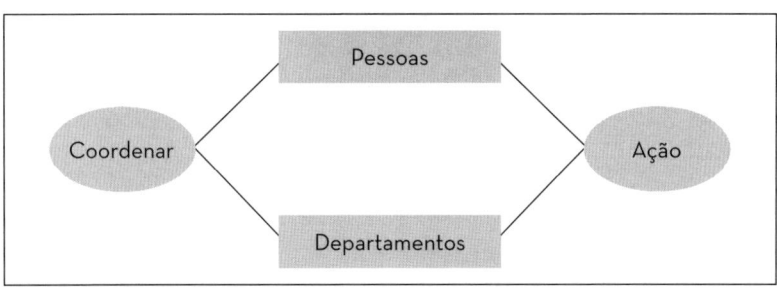

Fonte: Elaborada pelo autor.

Controle

Numa empresa, o controle consiste em verificar se tudo ocorre de acordo com o programa adotado, identificando falhas de operação com o propósito de evitar reincidências, envolvendo tanto a área administrativo-financeira como a técnica ou a comercial, certificando-se de que as reuniões de avaliação e planejamento agendadas sejam cumpridas; que os profissionais recebam treinamento e equipamentos, e estes manutenção permanente, e se a marcha e os resultados da produção são contínuos. Do ponto de vista comercial, é necessário assegurar-se de que os materiais que entram e saem correspondem à mesma quantidade e qualidade, e de que os inventários são bem feitos e os contratos rigorosamente cumpridos. No financeiro, o controle estende-se aos livros e ao caixa, aos recursos e necessidades e ao emprego dos fundos. À segurança cabe garantir que os equipamentos de que se serve para proteger os bens e as pessoas estejam em perfeito estado de funcionamento.

Para ser eficaz, o controle, deve ser realizado em tempo hábil, acompanhado de sanções, se necessário. Ao negligenciar algum aspecto do controle, a empresa corre o risco de ver fracassar uma operação, comprometendo em cadeia todo o esforço empreendido pelo conjunto.

FIGURA 4.6 Controlar é verificar se as ações se passam conforme o planejado

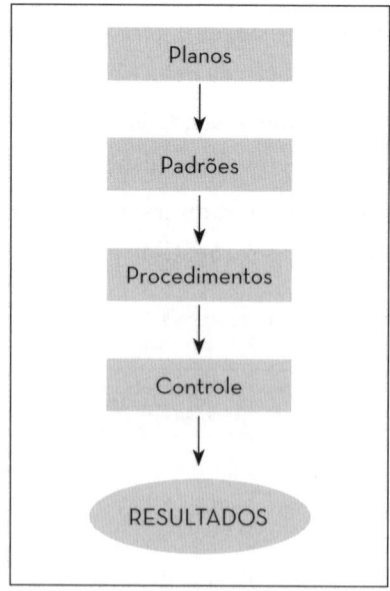

Planos
↓
Padrões
↓
Procedimentos
↓
Controle
↓
RESULTADOS

Fonte: Elaborada pelo autor.

QUADRO 4.1 :: Quadro-resumo das funções administrativas segundo Fayol

Previsão

- Planejar o futuro traçando o programa de ação.
- Agir.
- Os acontecimentos previstos a curto prazo são claros e precisos.
- Os acontecimentos previstos a longo prazo recebem maior cuidado e detalhamento.
- Um programa de ação cobre alvos, capitais, procedimentos, máquinas, pessoas, mercados, volume de produção etc.
- Quando não há programa, a empresa hesita e oscila.
- Um programa deve ter unidade, flexibilidade, continuidade e precisão.
- Previsões podem ser mensais, anuais ou plurianuais.
- A elaboração do primeiro programa de ação é muito difícil; nos seguintes, parte dos obstáculos já foi superada.
- Agitações sociais ou internas, embora passageiras, podem levar a mudanças inadequadas.
- Um programa de ação facilita a tomada de decisões, principalmente nos momentos difíceis.
- A competência do corpo de comando é fundamental.

Organização

- É estabelecer e gerenciar os organismos material e social da empresa.
- É dotar a empresa de tudo o que é útil ao seu funcionamento: capital, recursos humanos, matérias-primas, maquinários, ferramentas e segurança.
- É zelar pelo cumprimento dos programas de ação.
- É recrutar profissionais adequados e preparados para as funções exigidas.
- O sucesso da empresa está estreitamente ligado ao organismo social composto.

Comando

- É exercitar a organização em todos os níveis, levando a empresa a operar eficientemente.
- A missão de comando dá-se a partir das particularidades de cada unidade.
- O objetivo de cada liderança é maximizar os resultados do quadro profissional que lhe coube.
- Comandar requer conhecimento amplo das normas da empresa e dos subordinados, motivando a produtividade individual, diálogo constante, otimização do emprego do tempo e do material e seletividade permanente.

Coordenação

- É conjugar esforços e manter a unidade.
- É buscar sempre o equilíbrio do custo/benefício.
- É atentar às consequências que, em qualquer operação, acarretarão nas demais.
- É adaptar os meios ao fim pretendido.
- Mesmo uma boa equipe tende a se desviar de seus alvos, se não devidamente monitorada.
- Reuniões ajudam a dirimir dúvidas e manter o diálogo.
- A coordenação é frequentemente solicitada.

Controle

- É zelar para que tudo ocorra de acordo com regras e ordens estabelecidas.
- É acompanhar o andamento do programa adotado.
- É adotado em todos os procedimentos financeiros, administrativos, técnicos, comerciais e de segurança.
- Identifica procedimentos errôneos para evitar reincidências.
- Ao controle compete também sancionar.
- O bom controlador é competente e imparcial.
- Controle adequado previne surpresas indesejáveis.
- É suspeito quando o controlador depende, em qualquer grau, do controlado.
- Amizade, camaradagem e interesse afetam o controle adequado.
- Excesso de controle pode comprometer o andamento do trabalho.

Fonte: Elaborado pelo autor.

Princípios da Administração de Fayol

Divisão do trabalho

A divisão do trabalho tem por finalidade produzir mais e melhor. Permite reduzir o número de objetivos por unidade, o que despenderia maior atenção e esforço de cada trabalhador, redundando em menor produtividade.

Fayol, assim como Taylor, diz que quanto maior a divisão e a especialização, maior a eficiência. Ele propõe duas divisões diferentes: uma vertical e outra horizontal. A primeira refere-se às linhas verticais de um organograma, separando diferentes níveis de poder na organização, cada um com o correspondente nível de autoridade e responsabilidade que a função necessita. Para Fayol, organizações que tivessem linhas de autoridade mais rigidamente definidas seriam mais eficientes que as outras. Esses estudos deram origem aos níveis hierárquicos nas teorias de administração. Já a segunda divisão, a horizontal, refere-se às atividades realizadas na empresa, dividindo-a não em relação ao poder, mas em relação a atividades diferentes que cada área viesse a exercer (financeira, comercial etc.). A consequência foi o que hoje chamamos de departamentalização, porque a empresa é levada a criar departamentos que passam a ser responsáveis por uma atividade específica exclusiva.

Autoridade e responsabilidade

Autoridade é o direito de mandar e o poder de se fazer obedecer. A responsabilidade é seu atributo essencial, sendo que as duas estão ligadas. É necessário haver equilíbrio entre as duas características, pois um determinado grau de autoridade deve ter o seu correspondente de responsabilidade agregado ao cargo ou à função exercida. A pessoa teria autoridade, atribuída pela estrutura organizacional, ou seja, pelo seu cargo; por outro lado, também precisaria responder a alguém na empresa.

Um fato importante a ressaltar é que a pessoa pode delegar autoridade para alguém, mas nunca a responsabilidade, por exemplo, na preparação de um relatório para a alta diretoria. Um gerente pode delegar a autoridade necessária para um assessor realizar o trabalho, porém a responsabilidade de prepará-lo e apresentá-lo à diretoria continua sendo sua. Caso o relatório não fique pronto no período determinado, ele não poderá se isentar de culpa perante a diretoria. Para os diretores, a responsabilidade da execução do relatório continua sendo do gerente.

Disciplina

Significa observância das regras de boa conduta e responsabilidade profissional, respeitando as "regras do jogo", ou seja, o que for estabelecido pela empresa em relação a seu funcionamento, divisão de trabalho, relação de poderes, autoridade e responsabilidade, o que leva à necessidade de regras e acordos claros e justos tanto em relação a premiação e pagamentos quanto a penalidades e punições. Na organização fabril, Fayol adotou o seu modelo de disciplina a partir das organizações militares.

Unidade de comando

A um subordinado cabe responder a apenas uma voz de comando: a de seu chefe imediato. Seguindo o princípio da autoridade única, Fayol pretendia evitar problemas de dupla função, impedindo que determinado empregado pudesse receber ordens conflitantes de dois ou mais superiores. Aqui encontramos um ponto de divergência entre Taylor e Fayol: enquanto para o primeiro um operário poderia ter mais de um supervisor (qualidade, manutenção, produção etc.), para o outro, o operário deve ter apenas um.

FIGURA 4.6 Segundo Fayol, um empregado deve receber ordens de apenas um chefe

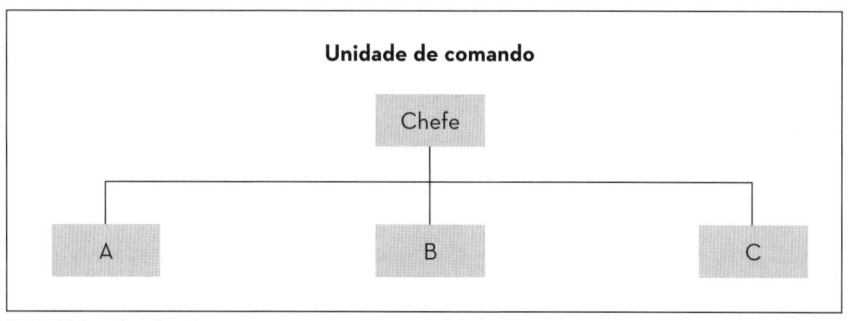

Unidade de comando

Chefe → A, B, C

Fonte: Elaborada pelo autor.

Unidade de direção

Consiste na ideia de um chefe único, para um programa de ação específico, voltado para um só conjunto de operações e um único objetivo. Para tanto, é necessário seguir a mesma estratégia, o mesmo plano de ação sob o comando de um só chefe. Enquanto a unidade de direção cuida da estrutura, dos métodos, a unidade de comando cuida do pessoal dentro da empresa.

Subordinação do interesse particular ao geral

O interesse da empresa está acima do interesse do indivíduo. Dentro da empresa deve prevalecer o interesse geral em detrimento dos interesses individuais. O importante é o sucesso da empresa, não do funcionário. Se existir conflito entre os interesses da empresa e os das pessoas, é papel da administração resolvê-lo, sempre prevalecendo o interesse geral, pois será por meio do crescimento da empresa que as pessoas serão recompensadas por seu trabalho.

Remuneração do pessoal

A remuneração das pessoas deve ser feita conforme o desempenho de cada uma; precisa ser justa e equitativa, buscando o máximo de satisfação tanto para o empregado como para a empresa, e deve basear-se em fatores externos e internos. Fayol não dá à remuneração a mesma importância que Taylor, que elaborou o estudo de movimentos e tempos buscando estabelecer uma produção-padrão (passando a usar a remuneração como estímulo para o aumento da produção). Para Fayol, a organização da empresa é mais importante que a remuneração.

Centralização

Tudo deve convergir para o ponto central, devendo-se definir parâmetros para tanto.

A autoridade deve estar concentrada no cargo mais alto na hierarquia e, consequentemente, quanto mais próximo do topo da empresa, maior o grau de poder, de acordo com a divisão vertical do trabalho. Por observar principalmente os níveis gerenciais, Fayol não podia eliminar completamente o poder desses níveis intermediários. Eles também deviam ter a sua parcela de poder para a tomada de decisões, caso contrário a presidência da empresa ficaria sobrecarregada. Isso acarretou a criação de uma estrutura que atribuía certa parcela de poder a cada nível hierárquico da empresa.

Ao propor que o poder deve estar concentrado o mais próximo possível do topo da empresa, Fayol concorda com Taylor que deve haver distinção entre quem pensa e quem faz. Pois se o poder está concentrado no topo e só aí são tomadas as decisões, ao pessoal do chão de fábrica só resta acatá-las e executar sua tarefa da maneira que lhe for ordenado.

Hierarquia

É a cadeia de comando responsável pela condução da empresa, decrescendo em ordem de importância. Também chamada de cadeia escalar, deve seguir a linha de autoridade da empresa, de acordo com as linhas verticais do organograma, respeitando os princípios já citados, como o de autoridade e o de responsabilidade.

Ordem

"Um lugar para cada coisa e cada coisa em seu lugar."

Assim como descreve os estudos de tempos e movimentos de Taylor, este princípio serve tanto para pessoas como para materiais; cada pessoa, ferramenta ou máquina deve estar disposta de modo a realizar o trabalho da maneira mais eficiente possível.

Equidade

Equidade significa combinar benevolência e justiça no trato com todos, dando ao funcionário o devido valor dentro da organização para, dessa forma, conquistar a lealdade.

Estabilidade

Princípio que busca garantir ao trabalhador o emprego e todos os benefícios sociais previstos em lei. Para Fayol, a rotatividade de empregados tem impacto negativo para a empresa. Portanto, ele considerava importante a manutenção das mesmas pessoas na empresa. Nesse ponto, Fayol diverge de Taylor, que se preocupava com o chão de fábrica e com tarefas relativamente simples, não considerando a estabilidade importante. Para Fayol, que concentrou seus estudos no nível gerencial, era importante manter o funcionário, pois a dificuldade de encontrar alguém capacitado e treiná-lo para o cargo é bem maior para esse nível do que para o chão de fábrica.

Iniciativa

A iniciativa consiste em desenvolver, sugerir e executar novas propostas e desempenhar a função sem obrigatoriedade de comandar, fazendo que os gerentes tenham maior participação, trabalhem com mais vontade e mais energia em busca do sucesso empresarial.

União

Uma empresa cujo quadro profissional não é coeso não sobrevive. Deve haver união e espírito de equipe, todos devem trabalhar juntos para o bem comum, ou seja, para que a empresa obtenha sucesso. Fayol diz que não se deve fomentar intrigas entre os funcionários, mas, sim, coordenar os esforços, incentivar as habilidades individuais das pessoas, recompensando os méritos sem prejudicar as relações harmoniosas, seguindo sempre o princípio da equidade.

O estado-maior na visão de Fayol

É constituído de um grupo de profissionais dotado de relativa autonomia, altamente qualificado e que dispõe de tempo. Funciona como retaguarda, assessorando e mantendo a diretoria-geral atualizada sobre todos os assuntos de interesse da empresa, seja de ordem estrutural, seja conjuntural. O conceito de estado-maior de Fayol é mais flexível que o de Taylor.

Salário e remuneração

O salário é um poderoso motivador, pois com ele realizamos as nossas funções na sociedade. Além do salário, tudo o mais concedido ao funcionário acaba tendo valor salarial, como um plano de saúde, por exemplo. Então, modernamente, fala-se em remuneração para definir o pacote todo concedido ao trabalhador.

O valor do salário leva em conta a especialização, a complexidade, a importância e até o excesso e escassez de mão de obra.

O salário acaba recebendo vários nomes, ora estratégico, ora flexível, e assim por diante, mas no fundo é uma questão de atribuir-se o justo pagamento por uma tarefa feita. Deve-se registrar também a tendência de se fixar um salário básico e de se estabelecer ao mesmo tempo uma forma de pagamento por resultados. Na prática, tais pagamentos por resultados acabam incorporando-se ao cotidiano do funcionário, perdendo o efeito motivador que possuíam na época de sua implantação.

A primeira impressão que se tem quando se pensa em salário é a de que ele representa uma parcela do custo de uma empresa, igualando-se a itens como energia, máquinas, propaganda, impostos e juros. A segunda impressão é a de que ele é completamente diferente dos demais itens de custos, pois tem a ver com pessoas e não com números e máquinas.

O pressuposto teórico de que a remuneração pode gerar resultados e até mesmo reduzir custos foi determinante para que psicólogos, economistas, administradores, advogados e tantos outros profissionais, ao longo dos séculos, se debruçassem sobre o salário no intuito de descobrir a receita ideal para a compensação do trabalho, do esforço, do desempenho e, eventualmente, do talento das pessoas envolvidas. A utopia da forma ideal de remuneração tem estimulado consultores, professores e pesquisadores pelo mundo todo, há séculos.

O trabalho nem sempre foi remunerado, e era comum o trabalho ser pago em mercadorias, abrigo ou proteção. A palavra salário vem do latim *Salium* (sal) e a palavra pecuniário vem também do latim *Pecus* (gado). Na economia moderna, o salário é a forma que o indivíduo usa para vender seu trabalho e atender suas necessidades básicas do cotidiano. Por ser essencial, é o tema mais explosivo nas relações de trabalho.

Os salários têm um peso grande no custo final total das organizações. Por isso, há essa preocupação em mantê-los baixos. As despesas com matérias-primas, máquinas, luz, gás, telefone e outras têm embutido os salários dos agentes e funcionários das empresas de origem, ao longo da cadeia produtiva.

Salário é o dinheiro básico recebido, e remuneração é o pacote todo, incluindo benefícios, adicionais, carros, viagens e outros. O salário nominal é aquele escriturado; o salário real é o que ele vale ou o que ele compra; o salário bruto é o valor declarado, sem os descontos; o líquido, o valor efetivamente recebido. O salário absoluto é o que se recebe; o relativo é o salário comparado aos demais; o salário fixo é o salário determinado; o salário variável é aquele que depende do desempenho; e o salário base, é o salário fixo estipulado. Os adicionais são as horas extras, insalubridade, periculosidade, tempo de serviço e que atendem as situações especiais.

Cada pessoa tem uma cesta de consumo, que pode ser alta ou baixa; e esta cesta de consumo, com os itens que as pessoas gastam durante o mês, será paga com o salário recebido.

A concentração da folha de salários em determinada época do mês traz problemas de transporte, abastecimento e filas, já que todos compram na mesma época.

A inflação corrige o valor dos salários: com uma inflação de 1% ao mês, um salário pago no dia 5 já perdeu 1% do seu valor. Se o dinheiro tivesse sido aplicado em uma caderneta, renderia 0,5%. Portanto, a perda é de 1,5%, pelo menos.

O salário deve atender as necessidades dos indivíduos, pois, de outra forma, não cumpre a sua função social. As necessidades são individuais. O salário pode ser determinado de várias formas: por tempo de serviço, por produtividade, por lucros gerados ou por avaliação dos cargos. O salário depende também da demanda: o excesso de oferta de trabalho reduz o seu preço, e a escassez de trabalhadores aumenta o preço do trabalho. Toda vez que excedentes de mão de obra forem encaminhados para o mercado de trabalho, a tendência natural é os salários caírem pelo excesso de oferta.

O salário fixo oferece a tranquilidade de ser um salário certo e previsível. Já o salário variável oferece a possibilidade de maiores ganhos, porém oscila conforme a produtividade, ocasionando incerteza. Muitas vezes parte do salário vem sob a forma de prêmios em dinheiro ou mercadorias por ideias e sugestões apresentadas. Podem existir outras modalidades que não deixam de ser salário: concessão de vales extras de almoço, folgas remuneradas e assim por diante.

O salário, quando comissionado, estimula a equipe a um esforço extra e é muito usado, especialmente em meses de vendas baixas. Também é muito utilizado para atingir metas especiais. Gera, porém, descontentamento em outros setores da organização que também participam do esforço, mas não ganham as comissões, como o pessoal do depósito. Pode também levar os clientes a se estocarem em excesso, provocando queda de vendas nos meses seguintes.

O salário é confidencial e o gestor deve enfatizar isso. A empresa deve fixar uma política sobre a sua confidencialidade. O salário interessa ao empregado e à empresa. No entanto, nem sempre essa confidencialidade é preservada. Há uma anedota corrente nas organizações que diz que o único salário realmente confidencial é o daquela senhora do segundo andar que serve o café (...porque ninguém deseja o emprego dela).

Existe na realidade um mercado de salários e a empresa deve definir com que organizações deseja se comparar e se pretende ficar abaixo, ao nível ou acima dos salários praticados. Também é necessário definir como pagar cargos universais de fácil reposição e como remunerar cargos complexos de difícil obtenção. É igualmente preciso avaliar os cargos, estabelecendo a importância absoluta e relativa na organização. Um cargo pode ser fundamental para uma empresa e não ser tão importante para outra. Isto faz parte do mundo real e vai influenciar na determinação do salário.

Definido o salário, é preciso pagá-lo. E muitas organizações despendem elevadas somas para pagar os salários. A folha de pagamento na realidade é um imenso contas a pagar que é processado mensalmente. Pode haver outra frequência. Nas pequenas empresas, pode ser feita manualmente. Nas demais, utilizam-se folhas de pagamento próprias, desenvolvidas internamente, ou pacotes de folha de pagamento, adquiridas no mercado. Há mais de 50 anos, a periodicidade de pagamento dos salários é mensal. Não deveria ser semanal, ou na data de escolha do trabalhador? Quanta economia e praticidade...

VISÃO CRÍTICA

Embora ao longo do tempo outros autores tenham se manifestado acerca da matéria, cinco características da Escola Normativista ainda persistem, apesar de criticadas:
- Visualizar a organização como um simples mecanismo.
- Racionalismo extremado. Assim como sugere Taylor, a organização é pensada em termos lógicos e formais, excluindo análises sociais e psicológicas do trabalho, já que os aspectos humanos da organização não eram considerados. A teoria de Fayol procura estabelecer esquemas lógicos e formais, determinando que todas as empresas deveriam segui-los, daí seu caráter normativo. Além disso, as empresas são vistas como um sistema fechado, sem levar em consideração o ambiente.
- Pouco trabalho experimental. Novamente, seguindo a mesma linha de Taylor, Fayol valorizava a observação e o bom senso, baseando-se no empirismo e na experiência direta; não há um método rigorosamente científico.
- Visão microscópica do homem. Pode-se aqui repetir a mesma crítica feita a Taylor: Fayol vê o homem como preguiçoso e ineficiente, influenciado pelo dinheiro e pelas condições materiais, apenas como mais um elemento da "máquina", ignorando o fato de que o trabalhador é um ser humano e social.

Como podemos notar, as críticas a Fayol são muito parecidas com as feitas a Taylor; isso ocorre porque os dois têm basicamente os mesmos princípios e ideias muito semelhantes.

⊃ RESUMO

Henry Fayol (1841-1925) tem seu nome ligado à Teoria Clássica e se preocupa com a administração da empresa e não só com as condições do trabalho. Assim como Taylor, Fayol dedicou seus últimos anos de vida à tarefa de demonstrar que, com previsões científicas e métodos adequados de gerência, resultados satisfatórios eram inevitáveis.

Da mesma maneira que nos Estados Unidos se fundou a Taylor Society, para divulgação e o desenvolvimento da obra de Taylor, na França, o ensino e o desenvolvimento da obra de Fayol deram motivo à fundação do Centro de Estudos Administrativos.

Fayol parte da proposição de que toda empresa pode ser dividida em seis grupos com funções essenciais:

1. Funções técnicas: relacionadas com a produção de bens ou serviços da empresa.
2. Funções comerciais: relacionadas com compra, venda e permuta.
3. Funções financeiras: relacionadas com a procura e a gerência de capitais.
4. Funções de segurança: relacionadas com a proteção e a preservação dos bens e pessoas.
5. Funções contábeis: relacionadas com os inventários, registros, balanços, custos e estatísticas.
6. Funções administrativas: relacionadas com os processos básicos de administração.

As funções administrativas implicam cinco elementos: prever, organizar, comandar, coordenar e controlar. Para Fayol, existe uma proporcionalidade na função administrativa, isto é, ela se reparte em todos os níveis da hierarquia da empresa e não é privativa da alta cúpula. Ou seja, ao descer na escala hierárquica também observamos funções de ordem administrativa, embora em nível menos abrangente, limitadas a um setor específico. Na escala hierárquica superior a extensão e o volume desse procedimento aumentam.

A Escola Normativista caracterizou-se basicamente por seu enfoque prescritivo e normativo. Todos os autores da Teoria Clássica são unânimes em afirmar que se deve estudar e tratar a organização e a administração cientificamente, substituindo o empirismo e a improvisação por técnicas científicas. Entretanto, várias críticas podem ser atribuídas à Escola Normativista, por fazer uma abordagem extremamente simplificada da organização formal, esquecendo-se da organização informal. Elencamos a seguir algumas das características da Escola Normativista:

- Economia e eficiência no trabalho são os objetivos básicos da administração;
- A pesquisa e o estudo levam à descoberta de princípios administrativos;
- Administração é uma ciência e como tal deve ser reconhecida pela sociedade;
- Rígida separação entre política e administração;
- Ênfase na organização formal.

O excessivo rigor dessa escola, entretanto, levou ao surgimento de outras ideias. Não se tratava de combater os pontos positivos ou conquistas, mas de eliminar os excessos.

⮕ NA PRÁTICA

Para consolidar a aprendizagem, apresentamos algumas perguntas baseadas no texto e aplicadas às situações práticas de trabalho.

Questionário

1. Explique a diferença entre Taylor e Fayol em relação à busca da eficiência na empresa, e como cada um a buscou.
2. Quais as funções da empresa segundo Fayol?
3. Taylor e Fayol concordavam em relação à unidade de comando? Explique.
4. Quais os princípios básicos de administração de Fayol?
5. Fayol enfatizou a necessidade de a empresa ter suas atividades muito bem organizadas e estruturadas. Explique resumidamente.
6. Quais as críticas podem ser feitas à Escola Normativista?

Exercícios de aplicação

1. Você acha que sua empresa não oferece boas condições físicas de trabalho aos empregados. Que sugestões faria à sua chefia para melhorar/aperfeiçoar as condições de trabalho dos funcionários?
2. Sua empresa precisa demitir alguns empregados. Que recomendações faria para tornar o processo mais justo? Qual critério adotaria na escolha dos empregados a demitir? Quais os benefícios ajustáveis em caso de demissão?
3. Você recebe uma carta anônima afirmando que o supervisor de produção está desviando material da empresa. Como chefe dele, que medida tomaria?
4. João é honesto, tem 20 anos de empresa, começou como operário e chegou a supervisor de produção. Não evoluiu desde então, resistindo a qualquer tipo de mudança, além de ser muito autoritário e polêmico. É pessoa conceituada na cidade e primo do prefeito local. Como demiti-lo?
5. Você é o chefe da oficina e recebe a visita de um grupo de mecânicos seus subordinados, que vêm reclamar igualdade de direitos. Acaba de ser contratado um mecânico com salário superior ao que percebe o grupo. Como explicar isso a eles?

Escola das Relações Humanas

O pensamento da Escola Clássica, representado pela visão mecanicista do trabalho de Taylor e pela abordagem normativista da organização de Fayol, não tardou a encontrar opositores preocupados em humanizar os princípios e as formas de administrar a empresa.

A primeira tendência que surgiu em oposição a Taylor foi a Escola das Relações Humanas. Seus autores sempre destacaram os pontos positivos das Escolas Mecanicista e Normativista, mas queriam corrigir seus excessos.

A Escola das Relações Humanas (ERH) surgiu em decorrência de estudos e experiências realizadas em uma fábrica de equipamentos telefônicos localizada em Hawthorne, perto de Chicago, Estados Unidos. Foi uma reação, uma tentativa de humanizar o trabalho, conforme seus autores admitiram.

Autores famosos, baseados nas conclusões das experiências de Hawthorne, realizadas no período de 1927/1932, contribuíram para o desenvolvimento dessa escola, auxiliados também pelo desenvolvimento das ciências ditas humanas – a Psicologia e a Sociologia.

Entre os estudiosos que se destacaram, encontramos Elton Mayo, psicólogo australiano que emigrou para os Estados Unidos por volta de 1920, e Mary Parker Follet, cujos estudos são anteriores às experiências de Hawthorne. Também se destacaram Kurt Lewin, com estudos sobre dinâmica de grupos, e Chester Barnard, que descreve as funções do executivo.

> **APRENDA MAIS**
>
> George Elton Mayo (1880-1949), foi um australiano, diplomado em Lógica, Filosofia e Medicina.
>
> Nos Estados Unidos, trabalhou para várias instituições, inclusive a Escola de Administração de Negócios da Harvard University, onde produziu as suas principais obras.
>
> Enquanto outros estudiosos da ciência da administração abordaram técnicas empregadas em produção, trabalho, seleção, liderança, estruturação dos empreendimentos etc., coube a Mayo realçar os aspectos sociológicos da administração, surgindo, assim, na terceira década do século XX, a chamada Escola de Relações Humanas, que trouxe grande polêmica: a ciência da administração deveria ser considerada ciência aplicada ou ciência social?
>
> Escreveu, além de numerosos artigos, cerca de dez livros, dentre os quais podem ser citados: *The Human Problems of an Industrial Civilization* (1933); *Leadership in a Free Society* (1936); *Management and the Worker* (1939); *Management and Morale* (1942); *The Social Problems of an Industrial Civilization* (1945); *The Making of Scientific Management* (1948).
>
> **EXPLORE MAIS**
>
> http://www.portal-administracao.com
> http://www.sobreadministracao.com

A experiência de Hawthorne

A importância dessa experiência é que foi a partir dela que se definiram os princípios básicos da Escola de Relações Humanas; por isso, merece que a abordemos, ainda que brevemente.

Em 1927, Elton Mayo coordenou uma experiência numa fábrica da Western Electric Company (equipamentos e componentes telefônicos), situada em Hawthorne, um bairro de Chicago. O objetivo inicial era estudar a relação entre a intensidade de iluminação e a eficiência dos operários, tendo a produção como medida para avaliação.

A experiência foi feita inicialmente no departamento de montagem de relés de telefones, formado por moças que executavam tarefas simples e repetitivas que exigiam rapidez na sua execução. A empresa desenvolvia uma política de pessoal voltada para o bem-estar dos funcionários, com salários satisfatórios e boas condições de trabalho, pretendendo, por meio dessa experiência, conhecer melhor os empregados.

Primeira fase

A primeira fase se consistiu na escolha de dois grupos:
1. *Grupo de observação*: trabalhou sob luz com intensidade variável.
2. *Grupo de controle*: trabalhou sob luz com intensidade constante.

O objetivo era verificar o efeito da iluminação sobre o rendimento dos operários. Porém, não se encontrou uma relação direta entre as variáveis; o que se descobriu foi o fator psicológico. Os operários aumentavam ou diminuíam a produção de acordo com o aumento ou a diminuição da intensidade de luz. Comprovou-se isso quando foi feita uma troca por lâmpadas de mesma potência, fazendo os operários acreditarem que também tivesse havido uma mudança na intensidade da luz. A produção variava de acordo com a luminosidade com a qual os operários acreditavam estar trabalhando.

Portanto, chegou-se à conclusão de que o fator psicológico prevaleceu sobre o fator fisiológico. A eficiência da produção não depende só das condições físicas; as condições psicológicas também são importantes.

Segunda fase

A partir do reconhecimento do fator psicológico, a experiência passou a verificar a influência de fatores basicamente fisiológicos, como mudança de horários e introdução de intervalos de descanso. A experiência foi feita no departamento de montagem de relés.

Formaram-se, então, dois grupos:

1. *Grupo de observação* ou *grupo experimental*: composto por seis moças (cinco montavam o relé e uma fornecia as peças). Esse grupo ficava em uma sala separada do restante do departamento e possuía um supervisor, como no grupo de controle, e um observador. Todas as moças foram convidadas a participar e tinham conhecimento dos objetivos da experiência.
2. *Grupo de controle*: composto pelo restante do departamento, que manteve as condições de trabalho.

A pesquisa foi dividida em doze períodos:

QUADRO 5.1 :: Pesquisa – fatores psicológicos e sua influência na produção

Período	Atividade/Mudança	Objetivo/Resultado
1º	• Registro da produção de cada operária no seu local de trabalho para servir de comparação, sem que elas soubessem.	• Estabelecer a capacidade produtiva em condições normais de trabalho (2.400 unidades).

(continua)

(continuação)

Período	Atividade/Mudança	Objetivo/Resultado
2º	• Isolamento do grupo operacional na sala de provas. • Mantêm-se as condições de trabalho normais.	• Verificar o efeito da mudança de local de trabalho.
3º	• Mede-se o ritmo de produção. • Modificação no pagamento. • No grupo de controle, o pagamento era feito por tarefas em grupo; como os grupos eram numerosos (mais de 100), variações individuais ficaram diluídas no grupo e não se refletiam no salário individual. • Separação do pagamento no grupo experimental; como o grupo era pequeno, elas perceberam que esforços individuais se refletiam no salário.	• Verificar o efeito da mudança de pagamento. • Resultado: aumento da produção.
4º	• Mudança no trabalho: introdução de intervalos de 5 minutos de descanso (um de manhã, o outro à tarde).	• Novo aumento de produção.
5º	• Aumento do tempo no intervalo de descanso para 10 minutos.	• Novo aumento de produção.
6º	• Seis intervalos de cinco minutos. Três de manhã e três à tarde.	• Produção igual e queixa das operárias pela quebra do ritmo de trabalho.
7º	• Dois intervalos de 10 minutos (manhã e tarde). • Introdução de um lanche leve em um dos intervalos.	• Aumento da produção.
8º	• Mesmas condições do período anterior • Grupo experimental passa a sair às 16h30 – o horário normal era 17h.	• Aumento acentuado da produção.
9º	• Grupo experimental passa a sair às 16h.	• Produção inalterada.
10º	• Grupo experimental volta a sair às 17h.	• Produção aumenta bastante.
11º	• Semana de cinco dias (sábado livre).	• Produção aumenta novamente.
12º	• Volta-se às condições do 3º período com o consentimento das moças.	• Produção atinge o mais alto nível verificado durante a experiência (3.000 unidades).

Fonte: Disponível em: <http://www.sobreadministracao.com>. Acesso em: 17 nov. 2015.

Ao final dessa fase os pesquisadores concluíram que as moças gostavam do trabalho porque a supervisão era mais branda do que na sala de controle, permitindo-lhes trabalhar com menos ansiedade e com mais liberdade. Além disso, o ambiente era amistoso: ali elas não tinham medo do supervisor, o que aumentava a sua satisfação no trabalho.

Outro ponto observado foi o desenvolvimento social do grupo com o surgimento de lideranças e objetivos comuns.

Terceira fase

A partir das diferenças verificadas entre os dois grupos, o objetivo passou a ser o estudo das relações humanas. Observou-se que as moças no departamento consideravam a supervisão vigilante e constrangedora, e que a empresa sabia pouco sobre as atitudes dos operários. Foi implementado um programa de entrevistas, que acabou revelando uma organização informal dos operários. Essa organização informal servia como forma de proteção contra eventuais decisões da empresa que fossem vistas como uma ameaça aos operários.

Quarta fase

Assim como na segunda fase, foi separado em uma sala um grupo que era observado e entrevistado regularmente, com o objetivo de estudar a relação entre a organização informal dos empregados e a organização formal da empresa.

Conclusões da experiência de Hawthorne

A principal conclusão foi, sem dúvida, a importância do fator social para o sucesso da empresa, ao contrário do que considerava a Administração Científica, que via a empresa como uma máquina, sem se importar com o fator humano.

Percebeu-se que o nível de produção depende da integração social dos indivíduos, não só de sua capacidade física e fisiológica. Ao contrário do que afirmava a Escola Clássica, é importante considerar também os fatores sociais e as expectativas individuais. Isso ocorre porque os trabalhadores possuem um comportamento social: suas reações não são isoladas, seu comportamento dependerá do grupo.

Ele irá receber informalmente recompensas ou sanções sociais, dependendo de seu comportamento estar ou não de acordo com o que o grupo espera dele. Dessa forma, a organização informal que existe em toda empresa passou a ser muito importante para a melhoria da produção, fato não considerado nem por Taylor nem por Fayol.

Outra conclusão importante diz respeito ao conteúdo do cargo. Ao contrário do que dizia a Teoria Clássica, concluiu-se que maior especialização não leva necessariamente a maior eficiência. Era importante considerar a influência do conteúdo e da natureza do trabalho sobre o moral do trabalhador.

> **APRENDA MAIS**
>
> **Ideias centrais da Escola das Relações Humanas**
>
> Suas ideias centrais enfocam os seguintes pontos:
> 1. O comportamento humano é complexo.
> 2. O homem é condicionado pelo ambiente.
> 3. O homem tem necessidade de segurança, afeto, aprovação, prestígio e autor-realização.

A questão da liderança

A Escola ocupou-se bastante em estudar a liderança e a forma como é exercida.

O **gerente**, **chefe** ou **supervisor** é o indivíduo que, em razão do controle acionário, de conhecimento técnico, de envolvimento político ou de confiança adquirida junto à direção da empresa, é conduzido à posição de comando, coordenação de pessoas, funções ou projetos, independentemente das suas características de liderança.

Liderança é a característica que se espera do gerente, chefe ou supervisor, e que deve ser demonstrada na condução do processo produtivo, por meio do envolvimento e do aproveitamento pleno da criatividade do grupo a ele subordinado, de modo a alcançar a satisfação de todos.

Gerência autoritária *versus* liderança

No procedimento gerencial autoritário, as pessoas são conduzidas a produzir de forma mecânica sem terem oportunidade para pensar, criar e participar, inseridas num ambiente que não proporciona motivação e satisfação com o trabalho; já no de liderança, as pessoas são conduzidas a produzir de forma envolvente, participativa, criativa, trabalhando com satisfação e contribuindo bem mais para a qualidade e o crescimento do negócio.

FIGURA 5.1 Gerência autoritária *versus* liderança

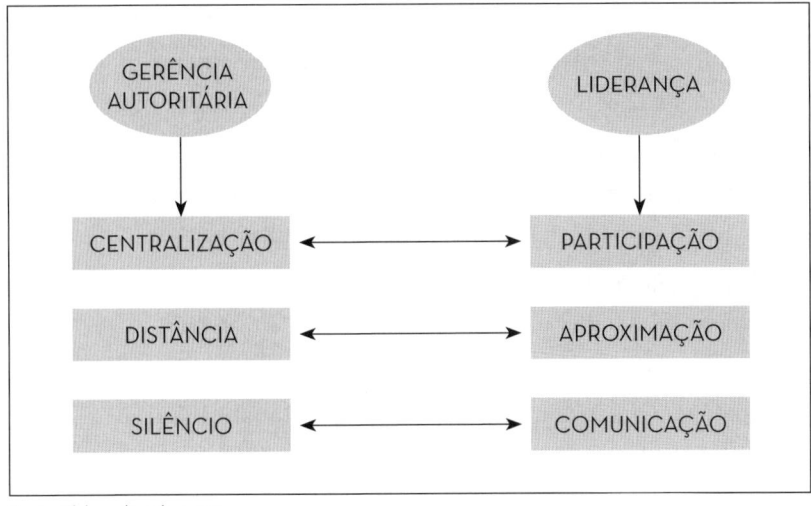

```
    GERÊNCIA                        LIDERANÇA
   AUTORITÁRIA
        ↓                               ↓
   CENTRALIZAÇÃO  ←——————→        PARTICIPAÇÃO

     DISTÂNCIA    ←——————→         APROXIMAÇÃO

     SILÊNCIO     ←——————→         COMUNICAÇÃO
```

Fonte: Elaborada pelo autor.

O modelo de liderança de Kurt Lewin

A autocracia é imposta ao indivíduo. A democracia, ele precisa aprender.

Kurt Lewin

Kurt Lewin (1890-1947) foi o psicólogo que deixou importante contribuição para o movimento das ciências do comportamento. Iniciou seus experimentos de mudança de hábitos, de liderança e de comunicação que o tornaram famoso na Universidade de Iowa. Lewin também conduziu experimentos de grupo para medir a atmosfera de liderança (democrática, autocrática, *laissez-faire*). Sua preocupação nos experimentos era encontrar soluções operacionais para a formação de líderes e de grupos democráticos. Vejamos esses modelos de liderança.

Liderança autocrática

É o modelo no qual o líder fixa as diretrizes, sem qualquer participação do grupo. É ele também quem estabelece, uma a uma e de modo imprevisível, as providências e as técnicas necessárias para a execução das tarefas, além de determinar aquela que cada um deve executar e quem será o companheiro de trabalho.

Liderança democrática

É identificável a partir da incidência de características como:

- As diretrizes são debatidas e decididas pelo grupo, que é estimulado e assistido pelo líder.
- O próprio grupo esboça as providências e as técnicas para atingir o alvo, solicitando, quando necessário, aconselhamento técnico ao líder, que sugere as alternativas possíveis para o grupo escolher.
- A divisão das tarefas fica a critério do próprio grupo e cada membro tem liberdade de escolher os seus companheiros de trabalho.
- O líder procura igualar-se ao grupo, embora a realização das tarefas seja de competência dos subordinados; tem a característica de ser objetivo, limitando-se aos fatos em suas críticas ou elogios.

Liderança liberal (*laissez-faire*)

Nesse tipo de liderança encontraremos estas peculiaridades:

- Liberdade total para as decisões grupais ou individuais, com participação mínima do líder.
- A participação do líder no debate é pequena, limitando-se, apenas, a apresentar os variados materiais à disposição do grupo para o cumprimento de suas funções, esclarecendo que pode fornecer informações desde que solicitadas.
- Tanto as divisões das tarefas como a escolha dos companheiros ficam inteiramente a cargo do grupo, não havendo participação do líder nesse procedimento.
- O líder não faz nenhuma tentativa de avaliar ou de regular o curso dos acontecimentos, limitando-se a comentários eventuais sobre a atividade cumprida, quando perguntado.

Outros enfoques na liderança

Ainda outros estudos contribuíram para o delineamento das características e atribuições de um líder:

I. **Liderança centrada na tarefa** (*job centered*): preocupa-se basicamente com a execução da tarefa e os seus resultados.

2. **Liderança centrada nas pessoas** (*employee centered*): preocupa-se com os aspectos humanos de seus subordinados, procurando manter uma equipe de trabalho atuante, com maior participação nas decisões.

FIGURA 5.2 Diferenças entre liderança orientada para a tarefa e para as pessoas

Liderança orientada para a tarefa	Liderança orientada para as pessoas
A tarefa é o mais importante	As pessoas são o mais importante
Supervisão cerrada e detalhada	Supervisão liberal e genérica
Supervisão restritiva	Supervisão participativa
Liderança autocrática	Liderança democrática
Ênfase nos resultados	Ênfase na satisfação das pessoas

Fonte: Elaborada pelo autor.

As habilidades gerenciais básicas

Para ser um bom líder, o indivíduo deve possuir ou adquirir certas habilidades especiais, destacando-se:

- **Sensibilidade situacional** – trata-se da habilidade de diagnosticar e sentir situações e as forças que atuam em cada situação.
- **Flexibilidade de estilo** – é a habilidade de adequar-se às forças que atuam em cada situação, vulgarmente conhecida como "jogo de cintura".
- **Destreza da gerência situacional** – é a capacidade de modificar uma situação que precisa ser alterada.

Comportamento gerencial

O gerente ou líder pode demonstrar uma tendência democrática ou autocrática, conforme exposto a seguir:

QUADRO 5.2 :: Características de um gerente democrático e de um autoritário

Democrático	Autoritário
• É o indivíduo investido de comando por uma equipe; um consultor interno.	• Considera-se *chefe* ou *patrão*.
• Trabalha *pari passu* com seus subordinados.	• Convive apenas com pessoas próximas ao seu nível hierárquico.
• Adapta a estrutura organizacional às mudanças do mercado.	• Trabalha sempre dentro de uma estrutura organizacional pouco flexível.
• Solicita sugestões.	• Toma a maioria das decisões sozinho.
• Compartilha informações.	• Sonega informações.
• Tem seu universo de conhecimento expandido.	• Especializa-se em uma única área.
• Sugere resultados a alcançar.	• Exige longas jornadas de trabalho.
• Procura estimular e reforçar as relações interpessoais em todo o grupo.	• Dita o padrão de relacionamento entre os membros do grupo.
• O grupo possui estrutura para sobreviver ao afastamento do líder (delegação).	• O afastamento do supervisor ou gerente pode provocar o caos ocasionando ruptura no grupo (centralização).

Fonte: RIBEIRO, 2012.

Alguns atributos desejáveis da gerência

A seguir, algumas características importantes para formar o perfil desejado de um gerente:

- Gostar do que faz.
- Valorizar a equipe.
- Cobrar resultados.
- Ser flexível.
- Delegar tarefas.
- Conhecer a função.
- Inspirar confiança.
- Assumir riscos.
- Saber comunicar-se.
- Ter habilidade para solucionar problemas.
- Preocupar-se com a satisfação do cliente.
- Respeitar os superiores.

Estilos de liderança no trabalho

Outra forma de conhecer o tipo de liderança e seus estilos é observar a atuação do gerente junto ao grupo de trabalho.

FIGURA 5.3 Estilos de liderança

- LIDERANÇA COERCITIVA
- LIDERANÇA CONTROLADORA
- LIDERANÇA ORIENTADORA
- LIDERANÇA SITUACIONAL
- LIDERANÇA INTEGRADORA

Fonte: Elaborada pelo autor.

Liderança coercitiva

Caracteriza-se pelo exercício do poder coercitivo. Nas estruturas organizacionais que adotam essa metodologia o trabalhador é tido como mera "peça" de engrenagem, sem direito a voz, apresentando baixo índice de produtividade.

Liderança controladora

Apoia-se num poder centralizador moderado, embora use, eventualmente, o poder de coerção. Nesse tipo de liderança, as pessoas ficam limitadas às ordens determinadas pelo líder, cumprindo mecanicamente as funções que lhes são atribuídas.

Liderança orientadora

Tende a incentivar a cooperação, permitindo livre integração entre os subordinados, o que facilita a compreensão e a divulgação dos objetivos da empresa, congregando esforços e reduzindo a competição perniciosa ao bom desempenho do grupo.

Liderança integradora

Baseia-se no princípio de que todo indivíduo, independentemente de sua posição na estrutura organizacional, é capaz de contribuir para a viabilização dos objetivos. Além de respeitar o empregado (colaborador) como indivíduo, o líder integrador promove a coesão do grupo, emprega o recurso do *feedback*, usa a intuição como complemento da lógica e procura compatibilizar tanto quanto possível os objetivos organizacionais com os individuais dentro de um quadro de referência ético.

O líder integrador não procura ser o foco das atenções, mas funciona como facilitador da convergência de esforços, influenciando mais por seus atos e exemplos de coerência, abertura, transparência e credibilidade, do que por suas palavras ou pelo uso da autoridade.

Liderança situacional

O processo de liderança situacional é baseado no princípio de que cada empregado tem seu tempo próprio no processo de aprendizagem e desenvolvimento profissional. A não observância desse fator gera frustrações, conflitos e insatisfação entre o comando e os respectivos comandados.

FIGURA 5.4 O desenvolvimento profissional de uma pessoa

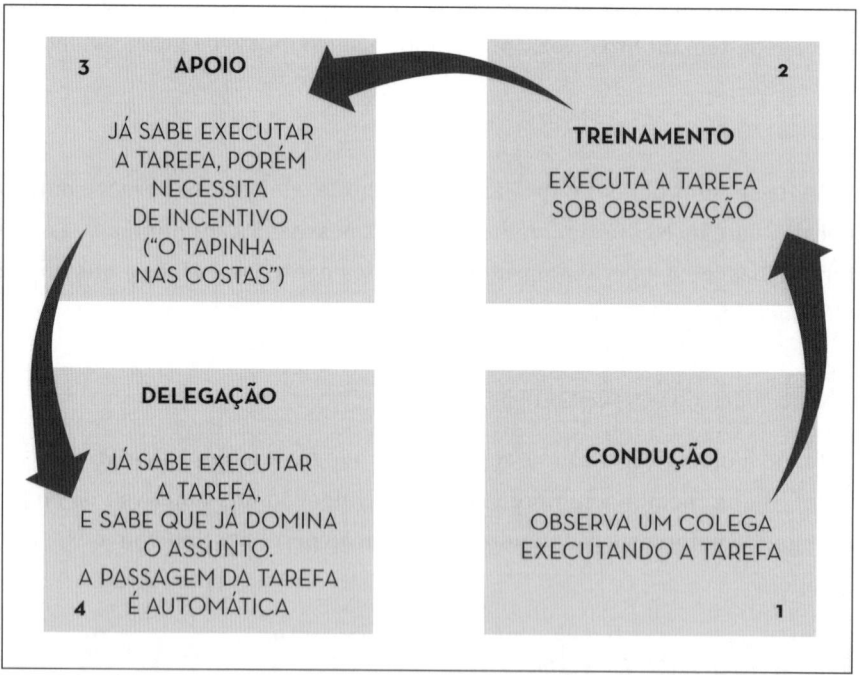

3 APOIO	2 TREINAMENTO
JÁ SABE EXECUTAR A TAREFA, PORÉM NECESSITA DE INCENTIVO ("O TAPINHA NAS COSTAS")	EXECUTA A TAREFA SOB OBSERVAÇÃO
DELEGAÇÃO	**CONDUÇÃO**
JÁ SABE EXECUTAR A TAREFA, E SABE QUE JÁ DOMINA O ASSUNTO. A PASSAGEM DA TAREFA 4 É AUTOMÁTICA	OBSERVA UM COLEGA EXECUTANDO A TAREFA 1

Fonte: Elaborada pelo autor.

A ideia nessa abordagem sobre liderança é que cada pessoa, em diferentes circunstâncias, requer atenção exclusiva e específica.

VISÃO CRÍTICA

Trata-se de um modelo que também sofreu críticas, entre as quais destacamos:

- Conclusões óbvias.
- Visão parcial do problema.
- Tendência a favorecer sempre a opinião da supervisão em detrimento do grupo;
- Não situar o problema na sociedade como um todo.

Comparações com a Teoria Clássica

A experiência de Hawthorne deixa claro que a Escola de Relações Humanas apresenta muitas concepções diferentes e até mesmo antagônicas em relação à Teoria Clássica de Taylor e Fayol, como veremos a seguir.

Enquanto a Teoria Clássica é baseada em sistemas de engenharia que procuram o modo mais lógico e eficiente de organizar a empresa, tratando-a como uma máquina rígida e estática e procurando centrar seus esforços na sua estrutura e nas tarefas, a Escola de Relações Humanas tem suas origens nas chamadas ciências de desenvolvimento humano (psicologia, sociologia etc.). Ela se preocupa com o fator humano, com o comportamento e as relações humanas, com a influência do fator social na empresa, considerando-a não uma máquina, mas sim um grupo de pessoas que interagem entre si.

Enquanto Taylor e Fayol defendiam princípios como divisão e especialização do trabalho, centralização da autoridade com clara definição de linhas de autoridade e responsabilidade, grande preocupação com as regras e a disciplina, como modo de manter a ordem e atingir o máximo de eficiência na empresa, a Escola Humanística enfatizava a autonomia do empregado, com maior delegação de autoridade e maior preocupação quanto ao conteúdo e à natureza do cargo e, portanto, maior liberdade e atenção à organização informal.

⊃ RESUMO

A Escola das Relações Humanas da Administração nasceu da necessidade de corrigir a forte tendência à desumanização no trabalho pela aplicação de métodos excessivamente rigorosos, pautados em estudos científicos precisos aos quais os trabalhadores eram submetidos, sendo impedidos de dar sua contribuição.

Comprovou-se, por meio de experiências, a preponderância do fator psicológico sobre o fator fisiológico: as pessoas são motivadas principalmente pela necessidade de reconhecimento, aprovação e de participação nas atividades dos grupos que integram.

Uma nova linguagem passou a dominar o repertório administrativo, com o uso de termos como: motivação, liderança, comunicação, organização informal, dinâmica de grupo etc. Os antigos conceitos clássicos de autoridade, hierarquia, racionalização do trabalho, departamentalização, princípios gerais de administração e outros passaram a ser duramente contestados. O método e a máquina perdem a primazia em favor da dinâmica de grupo.

Elton Mayo é considerado o fundador dos movimentos das relações humanas e da sociologia industrial. O clássico experimento de Hawthorne (fábrica de lâmpadas próxima de Chicago) permitiu a Mayo concluir que:

- o trabalho é uma atividade grupal e o nível de produção é mais influenciado pelas normas do grupo que pelos incentivos físicos e pecuniários no ambiente de produção;
- o operário não reage como indivíduo, mas como membro de um grupo;
- em vez de submeter os empregados à lógica da direção, a nova elite de administradores deve compreender as limitações dessa lógica e entender a lógica dos trabalhadores.

O trabalhador reconhecido, o ambiente de trabalho harmônico e as relações interpessoais estimuladas geram motivação e alto índice de aproveitamento. Essa escola tomou forma no ano de 1927, aproximadamente.

Os princípios da Escola das Relações Humanas que se evidenciaram são:

- o nível de produção não é determinado pela capacidade física, mas pelo fator psicológico a ser desenvolvido no ambiente de trabalho.
- o comportamento do indivíduo encontra amparo no grupo.
- as sanções e a aprovação do grupo atuam fortemente sobre o indivíduo.
- verificam-se grupos informais, independentemente da administração.
- há total integração entre os indivíduos.
- especialização não implica produção mais eficiente.
- os elementos emocionais do comportamento humano interferem fortemente no trabalho, requerendo habilidade no trato dessas questões.
- a pessoa precisa ser estimulada e reconhecida como ser humano.

⊃ NA PRÁTICA

Para consolidar a aprendizagem, apresentamos algumas perguntas baseadas no texto e aplicadas às situações práticas de trabalho.

Questionário

1. Qual o autor que mais se destacou no estudo da teoria das Relações Humanas?
2. Qual a ideia central dessa escola?
3. Explique a informalidade organizacional na ótica dessa escola.
4. Comente as críticas feitas a ela.
5. Cite alguns pontos positivos da Escola Relações Humanas.
6. Quais as principais contribuições das experiências em Hawthorne?

Exercícios de aplicação

1. Na sua opinião, para liderar um grupo, quais requisitos uma pessoa deve preencher? Identifique pelo menos seis.

2. Sua empresa vai lançar um programa de motivação dirigido aos funcionários. O que deverá constar desse programa?
3. Como você comunicaria às pessoas que concorreram a uma mesma promoção quem foi o candidato escolhido?
4. Em sua opinião, quais as qualidades mais apreciadas em um(a) empregado(a)?
5. Você tem um cargo vago de supervisor de distribuição. Três são os candidatos. Joaquim é, seguramente, o mais capaz, mas é o mais jovem na empresa. Pedro é bom candidato, tem tempo de casa, mas os clientes reclamam dele. Manoel não é qualificado para o serviço, mas é o sobrinho do gerente. Quem você promoveria? Por quê?
6. A rede de Supermercados Mago tem lojas no Rio de Janeiro e em Goiânia, sendo as compras centralizadas na unidade do Rio de Janeiro. Sua empresa é um dos fornecedores do supermercado e o vendedor de Goiânia está reclamando, alegando que outros é que estão faturando sobre as suas vendas, no caso, o vendedor do Rio de Janeiro. Como agir?
7. Embora ocorra insatisfação por parte dos vendedores ao acharem que suas vendas poderão ser reduzidas, o gestor da loja está considerando suprimir as vendas parceladas em 10 vezes, devido a problemas no fluxo de caixa da empresa. O gestor, para implantar a medida, poderá agir conforme os itens de "a" até "f", relacionados adiante. Coloque-se na posição do gestor e prepare um discurso para cada hipótese.
    a) Tomar a decisão e comunicar.
    b) Decidir sem consultar o grupo, mas destacar os pontos favoráveis.
    c) Apresentar sua decisão e questionar.
    d) Esboçar uma solução sujeita a modificações.
    e) Apresentar o problema, pedir sugestões e tomar a decisão.
    f) Definir os limites e pedir que o grupo tome uma decisão.

Escola do Comportamento Humano

Muitos estudiosos, por dificuldade em estabelecer parâmetros que distinguissem as Escolas das Relações Humanas e do Comportamento Humano, acabaram por generalizá-las como behavioristas (do comportamento). Contudo, uma tênue diferença assoma entre os princípios cristalizados pelas duas: enquanto a das Relações Humanas entende que o indivíduo é dotado de sentimentos e percepções, a do Comportamento Humano, além de reconhecer esses aspectos, situa o indivíduo como agente de seu próprio progresso na medida em que o entende como participativo, e não como mero espectador da realidade que o cerca.

Na Escola das Relações Humanas, os indivíduos possuem atitudes, valores e objetivos que precisam ser estimulados para que se obtenha deles a eficiência; já na do Comportamento Humano, os indivíduos participam e defendem essa participação como pessoas capazes de tomar decisões e solucionar problemas.

Esta última surgiu nos Estados Unidos e é um desdobramento da escola das Relações Humanas, detendo-se com maior profundidade na representação do comportamento humano no trabalho. É também uma oposição à Teoria Clássica.

Entre os autores que se detiveram no estudo dessa teoria, destacam-se Herbert Simon com o livro *O Comportamento administrativo*, que aborda o papel desempenhado pelos indivíduos nas organizações, e Chester Barnard, que contribuiu significativamente com suas pesquisas sobre as funções gerenciais no livro *As funções do executivo*. Merecem também citação os trabalhos e as pesquisas de Chris Argyres e Douglas McGregor a respeito dos conflitos vivenciados pelos indivíduos no ambiente organizacional.

> **APRENDA MAIS**
>
> Herbert Simon (1916-2001) foi economista e ganhador do Prêmio Nobel de Economia de 1978.
>
> Em seu livro *O Comportamento administrativo*[1], Herbert Simon estuda e detalha o comportamento humano dentro das organizações, definindo muito bem o ser humano como parte dinâmica do processo organizacional, pensando, agindo e tomando decisões.
>
> Simon sempre teve seu nome relacionado ao Comportamento Humano, como assim se denominou a Escola Administrativa que enfocava e dava ênfase ao comportamento humano no ambiente da organização.
>
> Para Simon, o empregado é um ser racional e tomador de decisões. Essas ideias, mais claras, deixaram descoberto os conceitos um pouco ingênuos da teoria das relações humanas.
>
> Herbert Simon começou suas atividades na área pública e depois se voltou para a área empresarial. Foi administrador, professor e consultor.
>
> Algumas outras obras de destaque de Simon foram: *As organizações* e *Capacidade de decisão e liderança*. Foi também articulista de jornais e revistas técnicas.
>
> A maior contribuição de Herbert Simon foi analisar o papel do indivíduo na organização de forma objetiva e realista. Retirou desse papel aquela visão ingênua e idealista dos autores anteriores.
>
> Seu nome estará sempre ligado à Escola do Comportamento Humano como um autor objetivo e de capacidade de observação acurada.
>
> **EXPLORE MAIS**
>
> http://www.historiadaadministracao.com.br
> http://www.portal-administracao.com

Ideias Centrais

Esta escola centra-se nos seguintes aspectos:[1]

- Visão formal da organização.
- Visão informal da empresa.
- Autoridade: fenômeno psicológico.
- Indivíduo: atuante na organização.

Os indivíduos são participativos, agem racionalmente e defendem sua participação nas situações que requeiram alternativas e soluções. A autoridade, aqui, é entendida como a relação entre os chefes e respectivos empregados, amparada na confiança e na possibilidade de prêmios, por um lado, e no receio de decepcionar, por outro.

---

[1] SIMON, H. A. *O comportamento administrativo*. Rio de Janeiro: FGV, 1965.

As Teorias X e Y

As *Teorias X* e *Y* foram uma notável contribuição de McGregor para o estudo do comportamento humano. Douglas McGregor ficou conhecido pela sua obra *The Human side of Enterprise*, em que explica essas teorias. Segundo sua obra, a conduta dos administradores é fortemente influenciada por suas suposições sobre o comportamento humano. E são os extremos do comportamento humano que são explicados pelas Teoria X e Y.

Teoria X

O ser humano é avesso ao trabalho e o evitará sempre que possível. Por conta dessa característica, as pessoas precisam ser guiadas com energia, sob pena de nada produzirem.

A teoria X via o homem como um ser indolente e preguiçoso, que procura trabalhar o mínimo, e o faz visando a receber recompensas salariais ou materiais e não em busca de satisfação pessoal. Falta-lhe, portanto, a ambição. Por isso, precisa de constante supervisão para executar seu trabalho; não tem nem autocontrole, nem autodisciplina, é avesso a mudanças, não assume riscos e normalmente seus objetivos não são os mesmos da organização.

Diante disso, esta teoria prega um estilo de administração muito rígido, centralizado, determinando esquemas e padrões de trabalho muito bem planejados, a fim de atingir os objetivos da organização. Desse modo, a administração é a responsável pelo gerenciamento dos recursos da empresa, buscando exclusivamente o interesse econômico, procurando controlar o comportamento das pessoas, sempre visando às necessidades da empresa. Portanto, há a necessidade de conduzir, controlar, convencer as pessoas, de modo que elas façam aquilo que a empresa deseja. E a melhor maneira de fazer isso é utilizar a remuneração tanto como meio de recompensa quanto como meio de punição do funcionário, pois esta teoria considera que as pessoas são motivadas por razões econômicas, como o *homo economicus* da Teoria Clássica.

A teoria X visa que as pessoas façam exatamente o que a empresa espera delas, independentemente de seus objetivos pessoais: o importante é o objetivo da empresa.

Teoria Y

O trabalho é uma coisa tão natural quanto o lazer e o descanso. Punições e ameaças não são as únicas formas de obter a cooperação e a participação do indivíduo.

É um estilo oposto à teoria X. Considera que o homem não evita o trabalho, que é, na verdade, uma fonte de satisfação, podendo ser fonte de recompensa ou de punição, dependendo da situação. A resistência existente no homem não é natural, mas, sim, resultado de experiências negativas que possam ter ocorrido em seu passado em outras organizações. Sendo assim, o indivíduo tem condições não só de assumir responsabilidades, mas também de procurar por mais responsabilidades em seu trabalho, ter autocontrole e autodisciplina para cumprir suas tarefas sem necessitar de constante supervisão.

Segundo McGregor, a motivação, o potencial e a capacidade de assumir responsabilidades estão presentes em cada pessoa. A empresa, porém, precisa criar condições para que elas desenvolvam essas características. O procedimento para tanto consiste em criar oportunidades, dar vazão ao potencial e remover obstáculos.

Modelo de liderança de Blake e Mouton

Blake e Mouton, trabalhando com duas variáveis - pessoas e resultados -, desenvolveram um modelo gerencial segundo o qual os executivos podem ser classificados em cinco categorias:

    a)   Baixo interesse por resultados e pessoas.

    b)   Razoável interesse por resultados e pessoas.

    c)   Elevado interesse por resultados e baixo interesse por pessoas.

    d)   Elevado interesse por pessoas e baixo interesse por resultados.

    e)   Elevado interesse por resultados e pessoas.

Assim, conforme o interesse manifestado, ou por resultados ou por pessoas, os gerentes seriam classificados a partir de um estilo, mostrado na Figura 6.1 e, de acordo com ela, podemos traçar alguns estilos de gerência, conforme veremos a seguir:

Gerente 1.1

- Não assume responsabilidades.
- Não auxilia nem orienta o subordinado.
- Não toma iniciativas.
- Não contribui com ideias novas.
- Só transmite ordens.
- É muito interessado em vantagens.
- Não se envolve com nada.

FIGURA 6.1 Modelo gerencial de Blake e Mouton

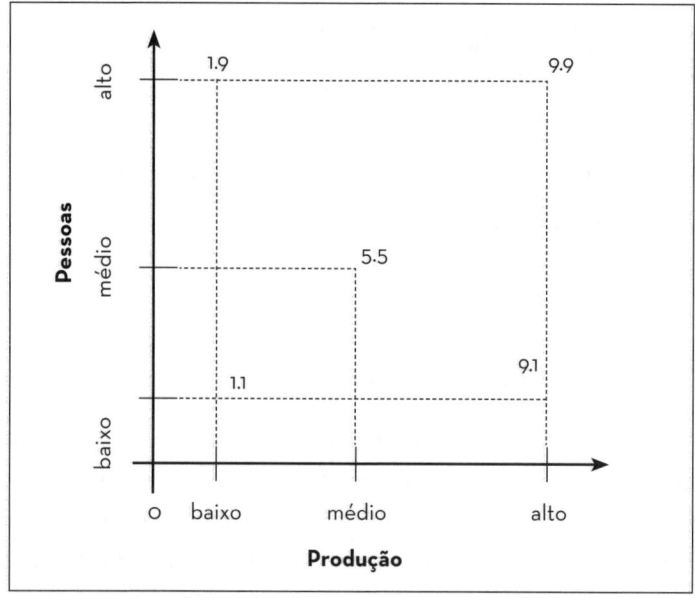

[Gráfico: eixo vertical "Pessoas" (baixo, médio, alto); eixo horizontal "Produção" (0, baixo, médio, alto). Pontos: 1.9, 9.9, 5.5, 1.1, 9.1]

Fonte: BLAKE & MOUTON, 1964.

Gerente 1.9

- Produção e pessoas são irreconciliáveis.
- É bom proteger sempre as pessoas.
- Relações humanas são o fim, e não o meio.
- Resultado é algo difícil e obtê-lo escapa a nossa capacidade.

Gerente 9.1

- Produção e pessoas são irreconciliáveis.
- Ênfase na organização do trabalho.
- Trabalhador encarado como simples instrumento.
- O resultado está acima de tudo e precisa ser alcançado de qualquer maneira.

Gerente 5.5

- As resistências são quebradas mediante intimidação e ameaças.
- A participação da equipe não é necessária.
- Produção e pessoas são irreconciliáveis.
- Comunica-se com o grupo visando a quebrar resistências e não em busca de participação.

Gerente 9.9

- Atenção simultânea à produção e às pessoas.
- Chama o grupo para colaborar nas decisões.
- Organiza o trabalho.
- Designa o indivíduo para o trabalho no qual ele obtém melhor desempenho.
- Estimula a criatividade do grupo.
- Treina o seu pessoal.

As necessidades humanas

Os estudos realizados procuraram demonstrar que as pessoas têm necessidades, classificando-as como básicas e sociais. As básicas envolvem alimentação, saúde e moradia. Por exemplo, para uma pessoa que vivesse em uma floresta, em um abrigo rústico, a caça e a pesca bastariam para atender parte dessas necessidades. Na vida urbana, o indivíduo necessita trabalhar e ter um salário para atender as necessidades mais prementes bem como aquelas que irão conferir-lhe algum conforto e certo *status* social. Para tanto, é preciso que tenha reconhecimento profissional e salário compatível com o seu desempenho.

Um segundo grupo de necessidades foi identificado e relacionado com o *status*. As pessoas precisam sentir que pertencem à sociedade ou têm um lugar nela, o que implica, particularmente, acúmulo de bens e o reconhecimento de seus pares. Na Mongólia, por exemplo, a aquisição de mais um iaque (gado local) para o rebanho confere à pessoa *status* diferenciado. Na nossa sociedade, o equivalente seria uma casa maior ou um carro mais luxuoso. Enfim, o *status* passa a ser um agente motivador do desempenho profissional de um indivíduo, sempre com vistas a obter maior aceitação dentro da organização à qual está subordinado e do grupo social a que está integrado.

A terceira e mais poderosa força motivacional é satisfazer necessidades ou ambições pessoais.

Essa terceira escala de necessidades diz respeito à ocupação escolhida, aos objetivos pessoais, ao crescimento, à realização e ao desejo de alcançar aspirações pessoais.

É frequente encontrar grupos com sinais de moral pouco ou nada evoluída. Isso ocorre quando o indivíduo:

- negligencia o cumprimento de instruções;
- mostra falta de cooperação quando um esforço extra é necessário;
- não se apresenta voluntariamente quando há necessidade;
- chega tarde, sai cedo ou falta sem explicação convincente;
- demora-se no lanche ou na hora do almoço, reduzindo as horas de trabalho;
- perde prazos porque a tarefa não foi executada a tempo;
- não alcança os padrões mínimos;
- reclama constantemente de coisas triviais;
- culpa outros quando o trabalho não vai bem.

Teorias da Motivação

O fator da motivação tem suas raízes na relação ideal trabalho-resultado na qual o indivíduo, ao expandir suas potencialidades, projeta-se profissionalmente, é premiado, e com isso vê conquistados os seus ideais de vida.

FIGURA 6.2 Atitudes bloqueadoras dos fatores motivacionais

> "Isso nunca deveria ter acontecido."
> "Se ao menos eles nos tivessem ouvido."
> "Sou sempre o último a saber."
> "É culpa deles."
> "E quem se importa com isso?"
> "Ninguém nunca disse nada."
> "Mas que empresa complicada essa em que eu arrumei trabalho."
> "Não vejo como pode ser melhorado."
> "Deixe assim mesmo e não apresente sugestões."
> "Eles trabalham apenas pelo dinheiro."
> "Eles precisam da segurança do trabalho."

↓

LIDERANÇA COERCITIVA

Os motivos para um fraco desempenho são invariavelmente atribuídos a treinamento insuficiente e mal conduzido, incompetência, mau gerenciamento, problemas disciplinares etc.

O líder em ação deve avaliar o andamento da tarefa. Dada a vertiginosidade com que se sucedem os fatos e as novidades se instalam, avaliar é encarar o presente como passado, com os olhos voltados para o futuro, valorizando os pontos positivos e repensando os rumos.

No processo de avaliação da tarefa e do subordinado, o líder deve estabelecer alvos claros, efetuar revisões periódicas, elogiar progressos, indicar pontos a melhorar, ouvir e alterar procedimentos se necessário, e ser construtivo na crítica.

O ambiente de trabalho é fator importante. As pessoas se sentem bem em local adequado. As recomendações são:

- ambiente limpo e pintado com cores claras;
- objetos e móveis elegantes;
- café ou chá à disposição;
- lavatórios e banheiros decentes;
- local agradável para descanso, lanche ou intervalos;
- limpeza e arrumação exemplares.

Deve-se lançar mão de incentivos sempre que voltados a premiar o esforço extra, medido objetivamente. É bom frisar que o esforço extra não deve ser incorporado ao padrão mínimo existente.

O gerente deve procurar potencializar as condições ideais de trabalho para que aquilo que os indivíduos venham empreendendo seja fonte de satisfação. O gerente deve lembrar que o motivo de insatisfação não é o trabalho em si, mas as condições em que ele é realizado. Dá satisfação à pessoa ser treinada para o trabalho, alcançar um bom nível de desempenho e ter seu esforço reconhecido. Nisso a empresa tem papel relevante a desempenhar, devendo para tanto estabelecer políticas adequadas de seleção e remanejamento de pessoal, promover atualização permanente do quadro funcional e manter métodos atualizados de trabalho, além de oferecer boas condições para seu cumprimento. É importante para o indivíduo que o seu trabalho seja avaliado e que haja o reconhecimento de que o progresso da empresa também foi fruto de seu esforço pessoal.

Ao líder cabe conduzir o processo com disciplina e liberdade de criação, mostrando atitudes positivas e gerando motivação dentro do seu grupo.

A seguir estão relacionadas algumas vertentes das teorias sobre a motivação humana.

FIGURA 6.3 Exemplos de motivação

- Demonstrar entusiasmo com o trabalho.
- Encorajar a equipe.
- Ajudar quando necessário.
- Valorizar o comprometimento com resultados.
- Promover o diálogo.
- Mostrar seus valores.
- Comunicar-se com clareza.

Mostrar entusiasmo

Hierarquia das necessidades de Maslow

Segundo Maslow, as necessidades humanas obedecem a uma ordem de importância e podem ser dispostas numa hierarquia como em uma pirâmide: na base estão as necessidades básicas e no topo estão as necessidades de realização pessoal:

São cinco as necessidades do indivíduo:

- **Necessidades fisiológicas:** o nível mais baixo da pirâmide. São as necessidades intrínsecas ao indivíduo, que fazem parte da sua natureza, como alimentação, repouso, abrigo etc. Estão ligadas à sobrevivência da pessoa.
- **Necessidades de segurança:** o segundo nível surge quando o primeiro nível é razoavelmente satisfeito. Refere-se às necessidades de segurança, à busca pela proteção contra a ameaça, à fuga ao perigo. São importantes no comportamento humano, pois em razão da dependência do funcionário com relação à empresa, ele precisa se sentir seguro no ambiente de trabalho. Se a empresa tiver atitudes que provoquem no funcionário incertezas quanto ao seu emprego, poderá se criar um clima de insegurança no ambiente de trabalho.
- **Necessidades sociais:** assim como o segundo, o terceiro nível surge quando os dois primeiros estão razoavelmente satisfeitos. Algumas das necessidades sociais são: de afeto, de participação, de aceitação por parte do grupo, de amizade etc. Se não forem totalmente satisfeitas, a pessoa ficará

hostil ao grupo que a cerca. Se isso ocorrer no ambiente de trabalho, a situação com certeza terá reflexos negativos para a empresa.

- **Necessidades de autoestima:** o quarto nível envolve a autoconfiança, a necessidade de aprovação social e de respeito, de *status*, de prestígio etc. Estão relacionadas com o modo como o indivíduo se vê e se avalia. Sua não satisfação pode levar ao desânimo, que pode refletir no rendimento do funcionário.
- **Necessidades de realização do potencial:** são as que estão no topo da hierarquia e estão ligadas ao autodesenvolvimento pessoal e profissional.

FIGURA 6.4 Hierarquia de necessidades de Maslow

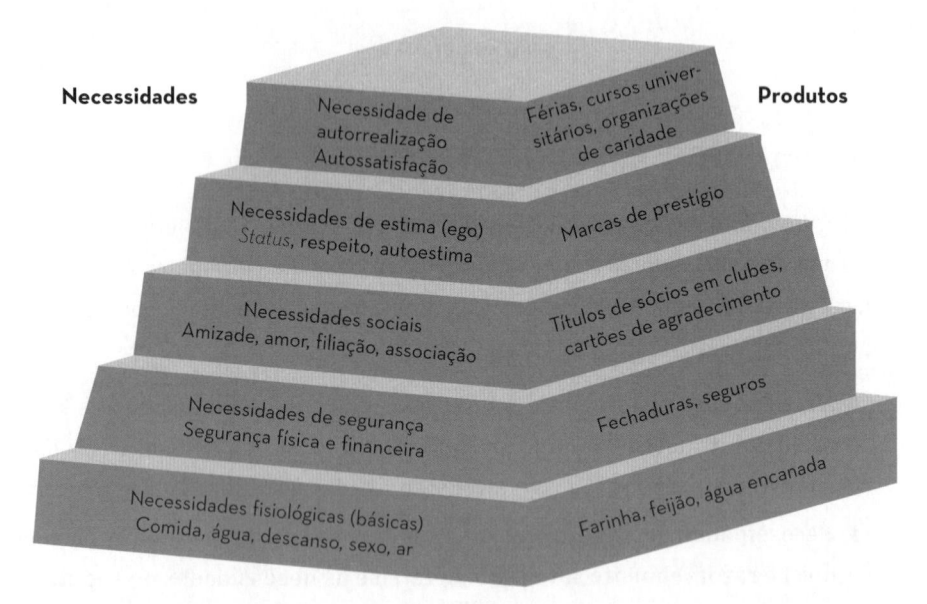

Necessidades	Produtos
Necessidade de autorrealização / Autossatisfação	Férias, cursos universitários, organizações de caridade
Necessidades de estima (ego) / *Status*, respeito, autoestima	Marcas de prestígio
Necessidades sociais / Amizade, amor, filiação, associação	Títulos de sócios em clubes, cartões de agradecimento
Necessidades de segurança / Segurança física e financeira	Fechaduras, seguros
Necessidades fisiológicas (básicas) / Comida, água, descanso, sexo, ar	Farinha, feijão, água encanada

Fonte: Churchill, G. A., P. J. P. *Marketing*: criando valor para os clientes. São Paulo: Saraiva, 2000. p. 147.

Portanto, o ser humano possui necessidades que motivam o seu comportamento, num processo contínuo e cíclico de surgimento e satisfação de necessidades. À medida que o homem satisfaz uma necessidade, surge outra, e assim por diante. Questões como qual necessidade surgirá, de que modo, com qual intensidade, são características que variam de pessoa para pessoa. Algumas delas podem nem mesmo atingir os níveis mais altos de necessidade, como o de autoestima e o de autorrealização, pelos mais variados motivos relacionados com sua vida.

Apesar de Maslow não ter considerado as exceções de comportamento, ou seja, ter estabelecido um padrão sem pensar nas diferenças individuais, essa teoria pode ser usada como orientação para o comportamento do administrador.

Teoria ERC de Alderfer

O indivíduo, segundo Clayton Alderfer, tem três necessidades:

- Existência.
- Relacionamento.
- Crescimento.

A existência relaciona-se às necessidades materiais básicas, incluindo os itens que Maslow considerou como necessidades fisiológicas e de segurança. As necessidades de relacionamento referem-se ao nosso desejo de manter relacionamentos interpessoais. As necessidades de crescimento correspondem ao desejo intrínseco de desenvolvimento pessoal, envolvendo o componente interno da categoria da estima de Maslow e as características incluídas na autorrealização[2].

Teoria dos dois fatores de Herzberg

A teoria de Frederick Herzberg, que trata da motivação no trabalho, é uma das mais discutidas. É composta por fatores externos e internos, discutidos a seguir.

Os **fatores internos**, tais como responsabilidade, reconhecimento e realização, estão intimamente relacionados com a satisfação no trabalho. Também chamados de *fatores motivacionais*, são intrínsecos à pessoa e estão ligados ao conteúdo e à natureza do cargo/função. Por estarem ligados diretamente ao trabalho e à função, as pessoas têm controle sobre eles, porém os efeitos causados são muito mais profundos que os provocados pelos fatores externos.

Os **fatores externos**, tais como condições de trabalho, benefícios, salário, e ambiente físico, estão relacionados com a insatisfação, quando inexistentes ou inadequados. Também chamados de *fatores higiênicos*, são extrínsecos à pessoa, ou seja, as pessoas não têm controle sobre eles, pois normalmente são determinados pela empresa.

Segundo Herzberg, se os fatores externos forem bons e estiverem de acordo com a expectativa das pessoas, e se mesmo assim não conseguirem aumentar a satisfação dos funcionários, eles apenas evitarão a insatisfação; por outro lado, se forem ruins, causarão insatisfação.

Herzberg afirma também que a satisfação no cargo depende dos fatores internos ou motivacionais (por exemplo, o estímulo que as atividades desempenhadas

---

[2] ROBBINS, S. P. *Administração*: mudanças e perspectivas. São Paulo: Saraiva, 2000.

proporcionam); e que a insatisfação no cargo depende de fatores externos ou higiênicos, como o ambiente de trabalho, a supervisão, o salário etc.

Ele propõe o enriquecimento de tarefas, ou seja, a substituição de tarefas simples por tarefas cada vez mais complexas, possibilitando o desenvolvimento profissional e pessoal do indivíduo, como forma de motivação dentro da empresa.

QUADRO 6.1 ** Correspondência entre as teorias de Maslow e de Herzberg

Herzberg	Maslow
• Fatores higiênicos	• Necessidades fisiológicas, de segurança e sociais
• Fatores motivacionais	• Necessidades de autoestima e de autorrealização
Herzberg	McGregor
• Fatores higiênicos	• Teoria X
• Fatores motivacionais	• Teoria Y

Teoria das necessidades de McClelland

As necessidades mais importantes para motivação do indivíduo são:

- **Realização:** Necessidade que a própria pessoa tem de obter sucesso em determinadas tarefas, procurando sempre atingir certo padrão de rendimento, seja interno ou de comparação com outras pessoas.
- **Poder:** Algumas pessoas podem ter a necessidade de controlar e de comandar outras pessoas.
- **Afiliação:** Necessidade de se sentir parte de um grupo, de ser aceito por todos, de viver socialmente, de *status*.

Cada pessoa pode ter graus diferentes dessas necessidades. Por exemplo, existem pessoas extremamente competitivas e individualistas que não sentem a necessidade de serem aceitas pelo grupo; preferem trabalhar individualmente, tendo como interesse principal o seu sucesso pessoal, enquanto outras são mais participativas e conciliatórias, preferindo o trabalho em grupo.

Sua teoria está muito ligada às necessidades de autoestima e autorrealização de Maslow e aos fatores motivacionais de McGregor.

Teoria da expectativa de Vroom

A teoria da expectativa de Vroom diz que a motivação humana tem como bases escolha e propósitos de um, e também suas expectativas diantes dos objetivos.

A atitude do indivíduo depende da expectativa que ele tem de ver seu esforço pessoal retribuído; a maior ou menor participação está intimamente ligada à possibilidade de promoção ou premiação, sem o que o seu desempenho seja sofrível. Em estruturas organizacionais competitivas, também as exigências com relação às condições de trabalho oferecidas são diretamente proporcionais aos resultados a serem alcançados, contribuindo ou não para eles; nesse caso, frustradas as expectativas do profissional, ele fica desmotivado e a própria empresa perde.

VISÃO CRÍTICA

Esta escola recebeu poucas críticas, embora tenha aplicado exagerado rigor na classificação dos indivíduos em satisfeitos, capazes e não capazes.

Ao transferir a ênfase do estudo da estrutura para as pessoas, dos aspectos estáticos para os dinâmicos, podemos dizer que a teoria comportamental exagera ao tentar redefinir os conceitos de tarefa e de estrutura a partir da perspectiva humanística, dando a eles uma feição mais democrática e humana, mas superestimando os valores psicológicos e sociológicos em total detrimento dos aspectos organizacionais definidos pela Teoria Clássica.

Além disso, sua abordagem era muito descritiva e pouco prescritiva, não indicando os caminhos a seguir. Ela se preocupou muito mais em estudar, analisar e detalhar o comportamento humano na empresa, procurando ter uma visão geral da situação, dos fatores que tinham influência na empresa e no rendimento dos trabalhadores. Não procurou aproveitar esses estudos para criar modelos que pudessem ser aplicados em uma empresa. Apesar de ser muito rica em conceitos e estudos descritivos, ela é de difícil aplicabilidade prática; procura indicar o que é mais adequado para a empresa, mas não define claramente como fazer isso.

⊃ RESUMO

A Escola do Comportamento Humano surgiu aproximadamente em 1947, com a publicação do livro *O comportamento administrativo*, de Herbert A. Simon, e teve como ideias centrais:

• As empresas são vistas como ambientes de decisão.

• O enfoque está nas pessoas e são elas que definem seus comportamentos frente a situações com que deparam.

• O administrador deve conhecer e dominar os conceitos motivacionais para promover melhor qualidade de vida dentro das organizações e obter melhores resultados da equipe.

• O indivíduo, uma vez satisfeito em suas necessidades primárias (salários, benefícios, segurança), empenhar-se-á mais em suas funções dentro da empresa, procurando alcançar suas necessidades secundárias (reconhecimento profissional, autoestima e realização pessoal), o que implica benefícios para a empresa.

⇒ NA PRÁTICA

Para consolidar a aprendizagem, apresentamos algumas perguntas baseadas no texto e aplicadas às situações práticas de trabalho.

Questionário

1. Em quais ideias está centrada a Escola do Comportamento Humano? Qual a visão que essa escola tem de organização?
2. Compare a Teoria X com a Teoria Y.
3. Explique a hierarquia das necessidades de Maslow.
4. Explique a teoria dos dois fatores de Herzberg.
5. Explique a teoria das necessidades de McClelland.
6. Quais as principais críticas feitas à Escola do Comportamento Humano?
7. Qual foi a contribuição de McGregor à Escola do Comportamento Humano?

Exercícios de aplicação

1. Você certamente se lembra da última vez em que teve vontade de reclamar de um produto ou serviço. Talvez se lembre de como foi atendido. Como a empresa deve atender às reclamações?
2. Um cliente que sempre foi pontual deixou de pagar um carnê. O gerente da loja manda que você remeta a ficha dele para o SPC (Serviço de Proteção ao Crédito). Como você procederia?
3. Relacione as frases negativas mais frequentes que você ouve no trabalho.
4. Este exercício deve ser orientado pelo professor e consta de duas etapas: uma individual e outra em grupo.

    Na primeira, os alunos deverão:
    - pegar uma folha de papel;
    - escrever o maior número de palavras começando com a letra Z, em tempo máximo de três minutos;
    - em seguida, ir ao quadro-negro e escrever os resultados individuais (depois o professor calcula a média de palavras por pessoa).

    Na segunda etapa, os alunos formam grupos de seis pessoas e devem:
    - pegar uma folha de papel;
    - escrever o maior número de palavras começando com a letra Z, em tempo máximo de três minutos;
    - em seguida, um representante do grupo vai ao quadro para escrever os resultados individuais (o professor calcula a média de palavras por pessoa).

    O professor deve, então, pronunciar-se com relação aos resultados apresentados, individuais e do grupo.

5. Este é o caso do assistente de um executivo sênior que resistiu a todas as tentações de se transferir para um gabinete melhor, por mais bem-intencionadas que fossem as propostas a ele dirigidas. Alojado numa espécie de cubículo ao lado do

gabinete do "grande homem", um lugar acanhado, escuro e quente, cheio de arquivos e cabides, o assistente lutou para proteger a sua posição até que lhe dessem um título próprio. Nenhuma secretária teria trabalhado naquele recinto sem ar, mas Sidney manteve-se nele por muitas razões. Havia ali uma porta para o gabinete do executivo, que permitia o acesso ao chefe sem passar pela secretária. Além disso, havia outra porta que, dando para o corredor, possibilitava ver todos que entravam e saíam. Os amigos diziam que ele era maluco: o lugar era barulhento e não tinha privacidade alguma, ficava perto demais da sala do grande homem – como é que alguém poderia trabalhar ali?

Enquanto me sentei ali, lembrava ele agora em seu novo e luxuoso gabinete, tudo era fácil; acabei conhecendo todos os que apareciam por lá. Quem tinha de esperar vinha se debruçar sobre a minha mesa e usar o meu telefone para confirmar ou remarcar compromissos. Meu telefone possuía umas luzes que acendiam toda vez que o chefe estava falando, isso dava a sensação de estar ligado a ele. E eu ficava lá, sentado, sem fazer nada.

Fiz a escolha certa. Como estava começando, ganhei fama de humilde e de ser leal à empresa. Foi melhor do que se tivessem me dado logo um título e um gabinete luxuoso como este que agora tenho. Eu teria conquistado o ódio de todos em uma semana.

O que você acha da escolha feita por Sidney para galgar posições?

Escola Burocrática

Um dos traços marcantes das sociedades modernas é o seu caráter burocrático e limitado. Apesar de a burocracia ter sido idealizada para normatizar e legalizar procedimentos de ordem administrativa, os sucessivos desdobramentos e desvirtuamentos de suas atribuições vieram a comprometer esses propósitos. Temos hoje uma máquina burocrática lenta e ineficiente, que não se presta ao atendimento nem sequer da mais banal das necessidades de um cidadão. Mas já foi diferente.

A abordagem clássica do pensamento administrativo de Taylor e Fayol, com sua visão comportamental do ambiente organizacional, não atentou ao aspecto burocrático das empresas como extensão da sociedade. A Escola da Burocracia vem assim preencher essa lacuna.

Origens da Escola Burocrática

As origens desta escola são provenientes do antagonismo existente entre a Teoria Clássica e a Teoria das Relações Humanas, que não conseguiam apresentar uma visão geral da organização. Assim, a burocracia surge da necessidade de criar um modelo organizacional que considerasse todos os aspectos organizacionais, fossem eles humanos ou estruturais.

A isso veio somar-se o contínuo crescimento das empresas, com um número cada vez maior de tarefas mais complexas e interdependentes de outras tarefas dentro da organização, e, por fim, a influência dos trabalhos de Max Weber, que propõe um modelo de organização baseado na burocracia, imediatamente aproveitado pelas empresas.

APRENDA MAIS

A Escola Burocrática foi inspirada em Max Weber, sociólogo alemão falecido em 1920, para delinear seus conceitos. Max Weber, nascido em 1864 na Alemanha, notabilizou-se pelos seus estudos sobre autoridade e burocracia.

Burocracia, no sentido popular, é um sistema exagerado de culto por papel e regulamentos. Não é essa a abordagem de Weber, que considerava a burocracia um sistema ou modelo em que a estrutura é organizada por normas escritas visando à racionalidade e igualdade de tratamento de todos os casos e situações. Segundo ele, numa empresa, os cargos se organizam de forma rigidamente hierárquica e normas e regras técnicas regulam a ação de cada cargo. Os procedimentos definidos evitam erros e o tratamento injusto e desigual.

Max Weber pertencia a um nível social elevado, pois sua família era rica e bem situada na Alemanha. Foi professor nas Universidades de Freiburg e Heidelberg. Era também um nacionalista convicto. Realizou viagens de estudos aos Estados Unidos e teve oportunidade de conhecer novas experiências, diferentes do ambiente europeu.

Weber é um dos autores mais influentes da Teoria Burocrática e, embora tenha falecido em 1920, muitos autores foram se inspirar nele para elaborar, anos mais tarde, os pilares da Escola Burocrática.

Suas obras mais importantes foram *A ética protestante e o Espírito do Capitalismo*.

EXPLORE MAIS

http://www.faculty.rsu.edu/~felwell/Theorists/Weber/Whome.htm

A burocracia de Weber

Max Weber é considerado o pai da teoria da burocracia, cujo sentido não é aquele atribuído pejorativamente pela sociedade, mas o de efetivamente atender à organização formal dentro de padrões de racionalidade e eficiência. O tipo ideal de burocracia de Weber está detalhado no Quadro 7.1.

QUADRO 7.1 :: A Burocracia Ideal de Weber

1. Divisão de trabalho. Os trabalhos são divididos em tarefas simples, rotineiras e bem definidas.
2. Hierarquia de autoridade. Os cargos ou postos são organizados em uma hierarquia, sendo cada um dos postos inferiores controlado e supervisionado por um mais elevado.
3. Seleção formal. Todos os membros da organização serão selecionados com base em qualificações técnicas demonstradas por treinamento, educação ou exame formal.
4. Regras e regulamentos formais. Para garantir uniformidade e regulamentar as ações dos funcionários, os gerentes devem recorrer constantemente à regras organizacionais formais.
5. Impessoalidade. Regras e controles são uniformemente aplicados, evitando-se envolvimento com as personalidades e preferências pessoais dos funcionários.

(continua)

(continuação)

> 6. Orientação de carreira. Os gerentes são funcionários profissionais e não proprietários das unidades que administram. Trabalham em troca de salários fixos e seguem suas carreiras dentro da organização.

Fonte: Disponível em: <http://www.portal-administracao.com>. Acesso em: 17 nov. 2015.

Cada estrutura empresarial irá adequar a implantação desses requisitos às próprias condições de operação.

A burocracia constitui um exemplo típico do modelo de organização dotado de racionalidade, possível de ser aplicado a todos os tipos de organizações e empresas, independentemente da natureza das operações, do tamanho etc. A burocracia visa a atingir certas consequências desejadas, dentre elas a previsibilidade do comportamento das pessoas dentro da organização, ou seja, uma certa padronização do desempenho humano, buscando alcançar a máxima eficiência da organização.

Contudo, como o comportamento humano nem sempre obedecia à previsibilidade esperada por Weber, insuficiências e imperfeições foram se somando, dando origem às **disfunções da burocracia**, tratadas mais adiante neste capítulo.

A burocracia não é um conceito exclusivo das empresas. É uma forma de organização baseada na racionalidade, que procura atingir metas com a maior eficiência possível por meio da melhor adequação dos meios aos objetivos estabelecidos. A burocracia existe há muito tempo, mas o modo como a vemos hoje, como base do sistema moderno de produção, tem suas origens nas mudanças religiosas ocorridas após o Renascimento.

Max Weber considerava que o sistema moderno de produção tem origem em um novo conjunto de normas morais, denominadas por ele de ética protestante, que entre outros aspectos via a burocracia como forma de organização. Weber, porém, não procurou defender um modelo de organização. Na verdade, procurou ordenar pontos comuns à maioria delas, caracterizando a burocracia como algo completamente impessoal, com regras bem definidas, deixando as pessoas em segundo plano e dando ênfase ao processo de autoridade-subordinação.

Segundo Weber, a burocracia não é um sistema social, mas um tipo de poder. Por isso, para entendê-la, ele procurou estudar os tipos de sociedade e os tipos de autoridade.

Os três **tipos de sociedade** apresentados por Weber são:

1. **Tradicional:** características patriarcais, patrimonialistas, como a família, o clã etc.
2. **Carismática:** características místicas, arbitrárias e personalísticas, como partidos políticos, nações revolucionárias etc.
3. **Legal, racional ou burocrática:** normas impessoais, racionalidade, como nas grandes empresas, nos exércitos etc.

Teoria da autoridade

Para cada tipo de sociedade há o correspondente tipo de autoridade, que, segundo Weber, é a probabilidade de ser obedecido dentro de determinado grupo. Assim, há três tipos de **autoridade legítima**, ou seja, que têm o apoio dos dominados. São os seguintes:

1. **Carismática:** A obediência tem sua origem na "devoção" ao líder por parte dos comandados, que aceitam as ordens como legítimas, porque veem na figura do líder qualidades que lhe dão credibilidade e o fazem ser admirado. A autoridade está na própria pessoa do líder, não tendo base racional e não podendo ser delegada nem transferida para outra pessoa por nenhum meio, como a herança. A imagem de líder carismático está normalmente associada à imagem do líder social, político ou religioso.

2. **Tradicional:** A obediência tem sua origem no respeito dos comandados às orientações que passam de gerações a gerações, crendo nas tradições que existem há muitos anos e na legitimidade dos que herdaram ou são indicados para exercer a autoridade. Sua legitimação está diretamente ligada à confiança na maneira tradicional de agir, segundo os usos e costumes. Esse tipo de poder também não é racional, podendo ser herdado por alguém. Sua imagem está normalmente associada ao pai de família, ao rei etc.

3. **Legal, racional ou burocrática:** A obediência tem sua origem no respeito dos comandados à crença no direito de dar ordens que a figura da autoridade possui. Esse direito é limitado e estabelecido por normas aceitas pelos comandados, que as veem como legítimas e lhes imputam uma dose de responsabilidade. A autoridade possui, portanto, uma contrapartida de responsabilidade. Está baseada em leis que estabelecem direitos e deveres para todos os integrantes de uma sociedade ou organização. Desse modo, a obediência não provém de características pessoais de alguém ou do fato de esse alguém pertencer a determinada família e ter, por isso, herdado a autoridade, mas sim de um conjunto de regras legais e previamente estabelecidas e aceitas por todos. Sua imagem está associada às organizações de tipo burocrático.

Autoridade racional

Weber estudou as características da autoridade racional, ou seja, as características da burocracia que estão presentes em todas as sociedades modernas e que se agrupam em três categorias:

1. **Formalidade:** A autoridade é definida pela lei, que busca sempre a racionalidade da coerência entre meios e fins. Portanto, a autoridade pressupõe o exercício de funções ou atividades definidas por normas e regulamentos e que são distribuídas hierarquicamente dentro de uma escala determinada. Essa mesma lei cria figuras de autoridade que são responsáveis pela administração, como o chefe, o magistrado ou o funcionário.
2. **Impessoalidade:** A obediência é determinada pelas leis, portanto as normas é que devem ser obedecidas, não as pessoas. Os membros de determinada organização obedecem ao chefe não por suas características pessoais, mas pela ordem impessoal (lei, norma ou regulamento) por ele representada.
3. **Profissionalismo:** O trabalho é executado por funcionários que se caracterizam pelo profissionalismo. Os funcionários da burocracia têm atribuições fixas e ordenadas, assim como seus poderes, direitos e deveres, que também são definidos por leis ou regulamentos predeterminados.

O funcionário típico tem as seguintes características: é um especialista nas atividades do seu cargo, recebendo salário correspondente; quanto mais alto o cargo, maior o poder e maior o salário, e esta deve ser a sua única ou maior fonte de renda; ele está apenas ocupando o cargo, não é seu dono; seu mandato é indefinido e indeterminado, não havendo nenhuma regra que determine sua duração; é um profissional capacitado para o cargo e deve ser nomeado pelo superior hierárquico, tendo a possibilidade de seguir carreira na organização, mas sempre administrando-a em nome de terceiros, ou seja, ele não é dono dos meios de produção.

Disfunções do modelo de Weber

Robert K. Merton passou a diagnosticar e caracterizar as *disfunções* do modelo burocrático weberiano e notou que, em lugar da máxima eficiência pretendida, tais disfunções levavam à ineficiência da organização. Essas disfunções são:

- despersonalização do relacionamento entre os participantes;
- internalização das diretrizes;
- uso da categorização como técnica do processo decisório;
- excesso de formalismo e de papelada;
- exibição de sinais de autoridade;
- alta conformidade em relação às regras e regulamentos da organização;
- propensão dos participantes a se defenderem de pressões externas;

- resistências a mudanças;
- dificuldade no atendimento a clientes e conflitos com o público.

Em um estudo, Selznick verificou a interação entre a burocracia e o seu ambiente, trazendo à tona a burocracia como um sistema aberto em transações ambientais.

Gouldner, por sua vez, verificou que existem diversos graus de burocratização nas organizações. Assim, o modelo proposto por Weber passou a constituir o modelo *ideal* e não o modelo *absoluto* de burocracia.

O ABC da burocracia

Em uma administração eminentemente burocrática, podem-se identificar deficiências como:

- Não há soluções rápidas que não possam ser adiadas.
- Não há problema simples que não possa ser transformado em complexo.
- Não há documento válido em que não se possa achar alguma irregularidade.
- Atrapalhe a vida dos outros antes que alguém atrapalhe a sua.
- Descarregue suas frustrações nas pessoas que dependem de suas soluções.
- Humilhe sempre as pessoas de condição social modesta, que não têm como revidar suas grosserias.
- Burocrata que é burocrata defende o outro em qualquer circunstância.
- O poder do burocrata aumenta em progressão geométrica, enquanto o poder do indivíduo comum aumenta em progressão aritmética.
- O burocrata moderno não está apenas na administração pública; ele pode trabalhar em qualquer lugar.

Vantagens e desvantagens da burocracia

Quadro 7.2 :: Algumas vantagens e desvantagens da burocracia

VANTAGENS	DESVANTAGENS
• maior eficiência	• ineficiência
• atendimento padronizado	• excesso de formalismo
• divisão do trabalho	• excesso de documentos (papéis/arquivos)
• impessoalidade no relacionamento	• despersonalização do relacionamento

(continua)

(continuação)

• hierarquização da autoridade	• decisões muito padronizadas
• regra no procedimento	• inchamento do quadro profissional
• mérito	• alto grau de conformismo
• especialização na administração	• atendimento ao público precário
• previsibilidade do funcionamento	

Fonte: Elaborado pelo autor.

Consequências do Sistema Burocrático

Processo decisório

No sistema burocrático, as decisões estão centralizadas no topo da hierarquia. As regras têm prioridade sobre o conteúdo tratado.

No conceito popular, as pessoas passaram a chamar de *burocracia* não o sistema, mas os seus defeitos. Burocracia virou sinônimo de ineficiência, excesso de regras e exigências que emperram soluções que poderiam ser obtidas prontamente.

Quadro 7.3 ∷ Consequências das disfunções dos ambientes burocráticos

- O sistema se fecha, voltando-se para si mesmo e gerando regras para beneficiar o próprio grupo.
- Os funcionários limitam-se a cumprir normas e regras, sem nenhum esforço particular.
- O exterior é visto como ameaça e a organização age em defesa própria.
- Verifica-se o distanciamento dos objetivos básicos e conflitos de atendimento, gerando insatisfação popular.

Fonte: Elaborado pelo autor.

Desburocratizando a empresa

As medidas para desburocratizar estão sempre na pauta de prioridades, para que a empresa se veja aliviada dos excessos. A melhor forma de desburocratizar é delegar poder decisório aos subordinados.

O problema da fila

A fila, como subproduto da burocracia, é facilmente encontrável em praticamente todas as situações da rotina humana: condução, bancos, supermercados, hospitais, cartórios e até consulados.

FIGURA 7.1 Processo de formação da fila

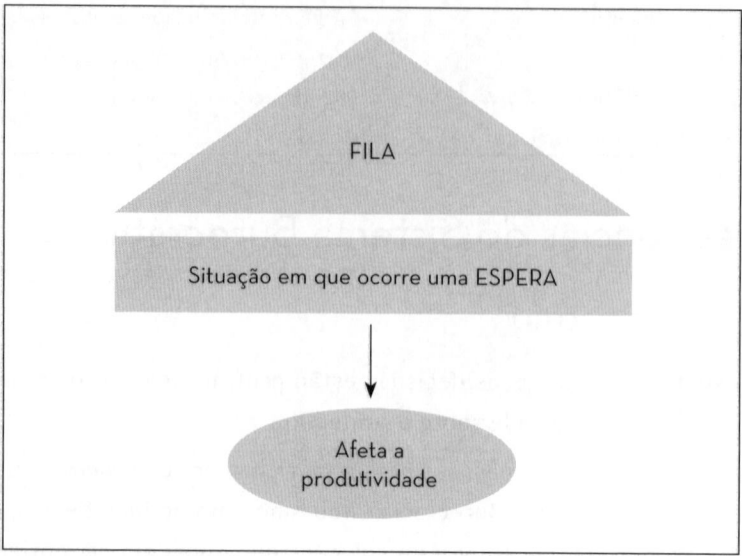

```
         FILA
  Situação em que ocorre uma ESPERA
              ↓
         Afeta a
       produtividade
```

Fonte: Elaborada pelo autor.

Os maiores obstáculos à eliminação das filas são:

- custo dos investimentos para melhorar a operação;
- falta de espaço;
- indolência de profissionais;
- mentalidade burocrática.

Geralmente, o tempo perdido se agiganta comparado ao tempo de espera. Quanto maior a responsabilidade e urgência que o serviço requeira, maior se afigura a agonia de esperar; a isso vem se somar o acúmulo de compromissos e a constatação de que o tempo é exíguo, o que gera grande pressão e desconforto para as pessoas.

Filas não apenas afetam as pessoas em suas emoções como também em seus bolsos. Somas consideráveis se perdem diariamente se considerarmos o tempo gasto no trânsito congestionado, ou o tempo de profissionais pagos a peso de ouro que veem sua produtividade comprometida por uma máquina administrativa emperrada e perdulária, apenas para citar alguns exemplos.

Modelos matemáticos

Quando as variáveis são constantes (tempo, usuários, número de atendentes etc.), é possível ter um modelo matemático para calcular as necessidades do sistema de atendimento.

Quadro 7.4 :: Regras para melhorar o atendimento e eliminar filas

- **Acesso:** Colocar o serviço no local de mais fácil acesso.
- **Equipamentos:** Equipamentos fazem trabalho mais rápido que pessoas (e, às vezes, mais preciso).
- **Material:** Ter todo o material necessário à mão.
- **Instruções:** Os atendentes devem receber instruções e treinamento-padrão.
- **Horários:** Os horários precisam ser adequados ao volume de usuários e ao número de atendentes.
- **Monitoramento:** Acompanhar a fila, orientando os dados e as informações ao usuário, para agilizar o atendimento.

Organização informal

A extrema rigidez vem obrigar as pessoas a organizarem-se de forma mais flexível. É a *organização informal*, que surge como derivação do sistema burocrático após a constatação da impossibilidade de impor padrões de comportamento humano dentro de uma organização.

FIGURA 7.2 Organização formal *versus* organização informal

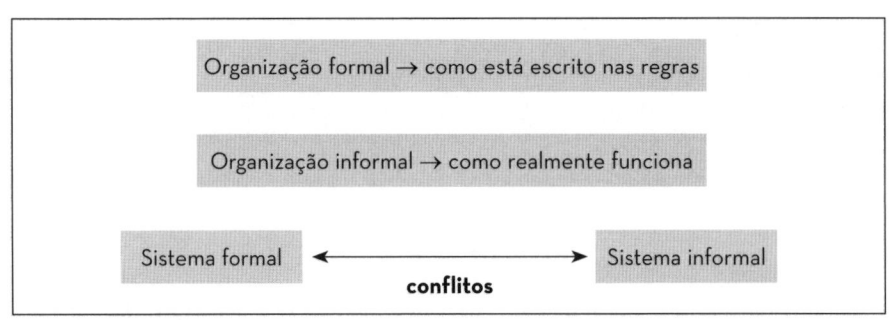

```
Organização formal → como está escrito nas regras

Organização informal → como realmente funciona

Sistema formal  ←——————→  Sistema informal
                  conflitos
```

Fonte: Elaborada pelo autor.

VISÃO CRÍTICA

Uma das principais críticas que se fazem à Escola Burocrática é o excessivo racionalismo existente na organização de tipo burocrático, que desconsidera a natureza organizacional, procurando racionalizar tudo e todos, e também não considera o ambiente em que se insere, vendo-a como um sistema fechado. Outras críticas são:

- Não considera a organização informal. Weber a julga importante, mas não a inclui em sua teoria, pois vê as pessoas como seguidoras de regras dentro de uma estrutura preestabelecida, e não como criaturas sociais, convivendo umas com as outras em um ambiente social.

- Não considera o crescimento pessoal e o desenvolvimento da personalidade individual.
- As comunicações são dificultadas ou distorcidas devido às divisões hierárquicas.
- Dificuldade para resolver diferenças e conflitos entre classes, como grupos funcionais. A teoria assume que a empresa possui regras e uma estrutura integrada, em que todos os comportamentos são previamente estabelecidos, não havendo possibilidade de conflito, pois todos têm seu papel predefinido.
- Não há um pleno aproveitamento do potencial humano, dada a falta de liberdade para criar algo novo dentro da empresa.

⮕ RESUMO

A Escola Burocrática surgiu na década de 1940 motivada por teorias desenvolvidas por Max Weber, que queria imprimir eficiência e agilidade aos procedimentos administrativos. A doutrina weberiana ganhou espaço em razão da fragilidade e das limitações das teorias Clássica e Comportamental.

O objetivo real da burocracia foi dotar a administração em geral de um modelo gerencial racional e sistematizado, com acentuadas características de formalidade, impessoalidade e profissionalismo.

Como fenômeno sociológico e administrativo, a burocracia apresenta várias características:

- Legalidade.
- Formalidade.
- Racionalidade.
- Impessoalidade.
- Hierarquia.
- Rotinas.
- Meritocracia.

A burocracia apresenta algumas disfunções motivadas por certa inflexibilidade operacional. Entre essas disfunções podemos salientar o apego exagerado a normas e regulamentos, o formalismo e a resistência a mudanças, a despersonalização dos relacionamentos e a excessiva exibição de sinais de autoridade.

FIGURA 7.3 A burocracia pode ser um risco para a empresa

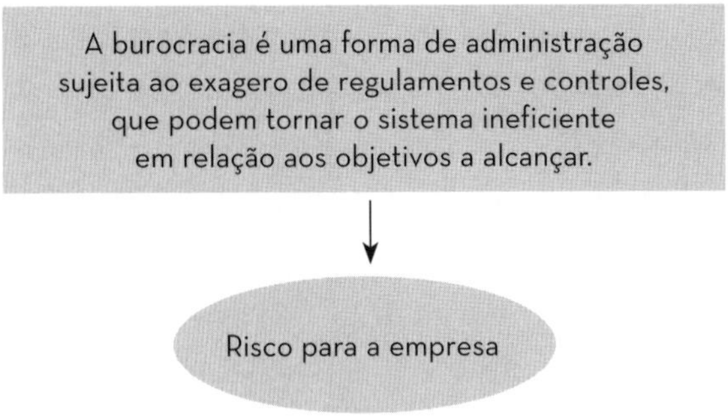

> A burocracia é uma forma de administração sujeita ao exagero de regulamentos e controles, que podem tornar o sistema ineficiente em relação aos objetivos a alcançar.

↓

Risco para a empresa

Fonte: Elaborada pelo autor.

⊃ NA PRÁTICA

Para consolidar a aprendizagem, apresentamos algumas perguntas baseadas no texto e aplicadas às situações práticas de trabalho.

Questionário

1. Quais as origens da Escola Burocrática?
2. Quais os requisitos para o tipo ideal de burocracia?
3. Quais as disfunções da burocracia?
4. Quais os tipos de sociedade e seus correspondentes tipos de autoridade, para Weber?
5. Quais as características da burocracia?
6. Quais as críticas à burocracia?

Exercícios de Aplicação

1. Seu chefe reúne-se com você e explica que a empresa está pedindo sugestões para reduzir custos, e ele deseja a sua opinião. Quais sugestões você faria?
2. Quais os prejuízos que a burocracia pode causar a uma empresa?
3. Sua empresa vai lançar um programa de redução de procedimentos burocratizantes. Cite algumas medidas que poderiam contribuir para isso.
4. A Constituição Brasileira de 1988 tem mais de 500 itens, e é muito detalhista. Muitos países têm Constituição de apenas uma folha. Você acha que é o número de regras que ajuda a administrar bem um país? Uma empresa bem administrada requer grande número de regras?
5. Pedro é supervisor de produção e saiu de férias. Apressado, esqueceu de programar a dedetização do setor de produção, que era bimestral e deveria ocorrer durante suas férias. As moscas aumentaram, o produto acabou contaminado e a empresa foi citada nos jornais. João, gerente da fábrica e chefe de Pedro, foi chamado para dar explicações e culpou Pedro, que foi demitido. O que você acha dessa decisão?

Escola Estruturalista

Assim como a Burocrática, a Escola Estruturalista percebeu o conflito entre a Escola Clássica e a Escola de Relações Humanas. Procurou então determinar uma teoria mais abrangente, que levasse em consideração tanto a organização formal estudada pela primeira como a teoria informal estudada pela segunda. Era necessário ver a empresa como uma organização complexa, com grande interação social, da qual fazem parte vários grupos sociais, que nem sempre têm os mesmos objetivos que a organização.

A Escola Estruturalista se preocupa com o todo, com a interdependência entre as partes e que faz com que esse todo seja maior do que simplesmente a soma das partes.

Visão geral

A extrema rigidez da doutrina burocrática não tardou a incomodar os estudiosos da teoria administrativa, que passaram a buscar caminhos alternativos ao modelo burocrático. O estruturalismo surgiu como vertente ideal, por entender que as organizações são sistemas abertos, e que a burocracia limita o universo de ação, estrangulando a capacidade criativa e produtiva.

APRENDA MAIS

Amitai Etzioni é um dos autores mais destacados da Escola Estruturalista.

Sociólogo, estudou as organizações sob a ótica de integração com a sociedade. Etzioni relaciona as mudanças no ambiente organizacional às mudanças havidas na sociedade.

Foi professor da Universidade de Columbia, nos Estados Unidos, e entre alguns de seus livros podemos citar *Organizações modernas*, *Organizações complexas* e *Análise comparativa de organizações complexas*.

> Etzioni é um autor voltado para a análise da organização como um fato social, ou seja, uma instituição atuando e agindo na sociedade. Nos seus trabalhos mais avançados, ele registra a tendência das organizações de buscarem certo ajustamento ao meio social onde atuam.
>
> Destaca-se na sua obra a visão das estruturas – com o homem muito dependente delas. O ser humano acaba prisioneiro das organizações, pois depende delas para nascer, viver e morrer.
>
> Amitai Etzioni formou-se em Jerusalém, em 1958, e completou seu doutorado nos Estados Unidos, no início de 1960. Seu nome estará sempre relacionado ao modelo estruturalista. Suas ideias e contribuições enriqueceram a abordagem burocrática e abriram caminho para a teoria dos sistemas, que surgiu em seguida.
>
> **EXPLORE MAIS**
>
> Fonte: Disponível em: <http://www.historiadaadministracao.com.br>. Acesso em: 17 nov. 2015.

Ao ampliar o campo de estudo das organizações, expandindo-o para o ambiente, esta escola passou a dar ênfase à interação entre as organizações sociais, e não aos grupos sociais, como fez a Escola de Relações Humanas (ERH). A ERH tinha como foco de estudo os grupos sociais internos à empresa, pois, como todas as teorias elaboradas até então, via a empresa como um sistema fechado. Já os estruturalistas apresentam uma visão diferente: viam a sociedade moderna como uma sociedade de organizações que interagem entre si, assim como os grupos sociais. A Escola Estruturalista estuda as organizações concentrando-se principalmente em sua estrutura interna e em sua interação com outras organizações.

Um dos nomes da Escola Estruturalista, o cientista social Amitai Etzioni acreditava que as organizações são unidades sociais formadas para atingir objetivos específicos, caracterizadas por um conjunto de relações sociais criadas com a intenção de obter relações estáveis entre as pessoas para alcançar os objetivos estabelecidos.

Esta escola objetiva um estudo muito mais amplo das organizações, abordando aspectos até então tratados isoladamente em cada uma das teorias anteriores, Clássica, de Relações Humanas e Burocrática.

Desse modo, ela pretende estudar a relação entre a organização formal (Escola Clássica) e a organização informal (ERH), no que se convencionou chamar de abordagem múltipla.

Dentro da visão organizacional da Escola Estruturalista, define-se o conceito de *homem organizacional*, ou seja, o homem que desempenha papéis em diferentes organizações. Comparando-a com outras escolas, podemos lembrar que a Escola Clássica teve como base o conceito de *homo economicus*, e a Escola de Relações Humanas, o conceito de *homem social*.

O *homem organizacional* deve ter características cooperativistas e coletivistas e estar preparado para as constantes mudanças que ocorrem nas organizações. Para isso, precisa estar apto a assumir diferentes papéis nas organizações e ser tolerante para evitar se desgastar diante dos conflitos inerentes ao ambiente organizacional. A organização espera um certo conformismo das pessoas, o que nem sempre ocorre, pois elas têm aspirações e objetivos pessoais que podem não estar de acordo com os objetivos da organização.

A Escola Estruturalista procura unir todas as teorias anteriores em sua análise, fazendo a análise organizacional por meio de uma abordagem múltipla que envolve tanto a organização formal (Escola Clássica) quanto a organização informal (ERH), analisando também o resultado da adoção de recompensas materiais (Escola Clássica) e de recompensas sociais (ERH).

Enquanto essas duas escolas abordavam apenas um desses aspectos isoladamente, a Escola Estruturalista procurava integrar o formal e o informal, estudando suas relações dentro e fora da organização. O estruturalismo não apresenta novos conceitos a respeito da organização formal e informal, mas busca o equilíbrio entre elas, e sua interação com o ambiente.

Segundo os estruturalistas, há dois modos de ver e conceber uma organização:

- *Racional*: considera a organização um sistema fechado, concebido racionalmente, buscando a certeza e a previsibilidade. Todos os aspectos organizacionais são concebidos para atingir a mais alta eficiência, com ênfase no planejamento e no controle.
- *Natural*: a organização é vista como um sistema aberto, um conjunto de partes interdependentes e interagentes, que possuem ligações entre si e com o seu ambiente. Seu objetivo é a sobrevivência e, por estar aberto à influência do ambiente, não existe certeza sobre seu funcionamento, pois normalmente o ambiente não é passível de controle, podendo tornar-se imprevisível. Como consequência, temos o aparecimento da organização informal.

A Escola Estruturalista, ao contrário das escolas anteriores, passa a utilizar uma abordagem múltipla por meio de análise intraorganizacional (fatores internos) e outra interorganizacional (fatores externos), ou seja, em vez de utilizar a abordagem do sistema fechado, com base no modelo racional de organização, os estruturalistas utilizam uma abordagem do sistema aberto, tendo como base o modelo natural de organização.

Outro aspecto importante dessa teoria – que também a diferencia das anteriores – é a questão do conflito. Para a Escola Clássica há harmonia de interesses entre empresa e funcionários, e para a ERH, essa harmonia deve ser preservada, procurando-se conciliar e resolver possíveis conflitos surgidos na organização. A Escola Estruturalista discorda dessa posição, pois acredita que os conflitos são os elementos geradores das mudanças e do desenvolvimento organizacional.

Desse modo, a administração deve criar condições para gerenciar o conflito, aceitando-o como parte da organização, fazendo dele algo de útil e construtivo para a empresa, já que por meio dos conflitos podem ser detectados erros, problemas ou eventuais desajustes na organização.

Além disso, a Escola Estruturalista ampliou o conceito de organização. Enquanto as Escolas Clássica e de Relações Humanas se preocuparam praticamente com as fábricas, a Estruturalista, além das fábricas, analisou empresas dos mais diversos tipos, como prestadoras de serviços, comerciais, organizações militares, religiosas, filantrópicas etc.

Considerando-se principalmente as grandes organizações, em razão de seu tamanho e complexidade, é evidente que não existem duas organizações iguais, mas, apesar de apresentarem muitas diferenças, elas contam com certas características semelhantes, que possibilitam classificá-las em determinados tipos de organização.

A seguir, temos exemplos de tipos de organização dados por Amitai Etzioni:

- Organizações coercitivas.
- Organizações utilitárias.
- Organizações normativas.

Características da Escola Estruturalista

O enfoque está na análise organizacional das estruturas formais e informais, além da avaliação do sistema de recompensa adotado pelas empresas para premiar a excelência de seus colaboradores. Os autores estruturalistas procuram correlacionar as organizações com seu ambiente externo, a sociedade, estabelecendo novo conceito de organização.

FIGURA 8.1 Estruturalismo e ambiente externo

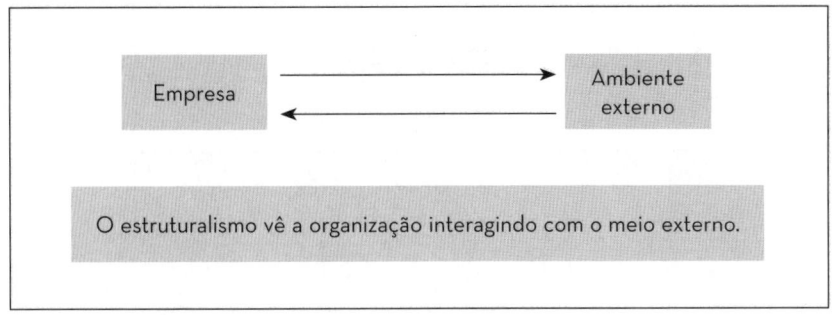

> Empresa ⇄ Ambiente externo
>
> O estruturalismo vê a organização interagindo com o meio externo.

Fonte: Elaborada pelo autor.

De acordo com a visão estruturalista, a organização é composta de fundamentos complexos, pois, acionada, movimenta simultaneamente mercados, tecnologias, produtos, empregados, clientes e governo. A empresa do passado era um negócio familiar e de proporções moderadas. A moderna tem seus tentáculos estendidos pelos quatro continentes, gerando centenas de outras médias ou pequenas empresas que, direta ou indiretamente, irão favorecê-la dando-lhe suporte.

O efeito multiplicador e globalizante do estruturalismo é alvo da metodologia analítica que vem empregando as tipologias organizacionais, de perfil simples e unidimensional, dos estruturalistas Etzioni, Blau e Scott.

Para melhor avaliação de desempenho temos, de um lado, os objetivos representando as intenções da empresa e, de outro, o limite alcançado por elas como parâmetro da eficácia ou ineficácia do modelo administrativo adotado.

FIGURA 8.2 A empresa em contato com o meio

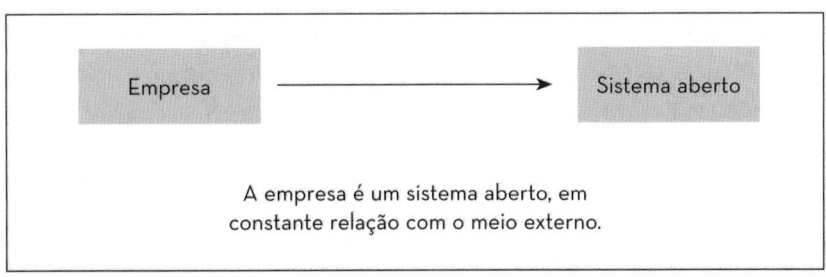

> Empresa ⟶ Sistema aberto
>
> A empresa é um sistema aberto, em constante relação com o meio externo.

Fonte: Elaborada pelo autor.

Em uma apreciação superficial do estruturalismo na administração, conclui-se que se trata de teoria de transição para a teoria de sistemas.

FIGURA 8.3 A análise estruturalista

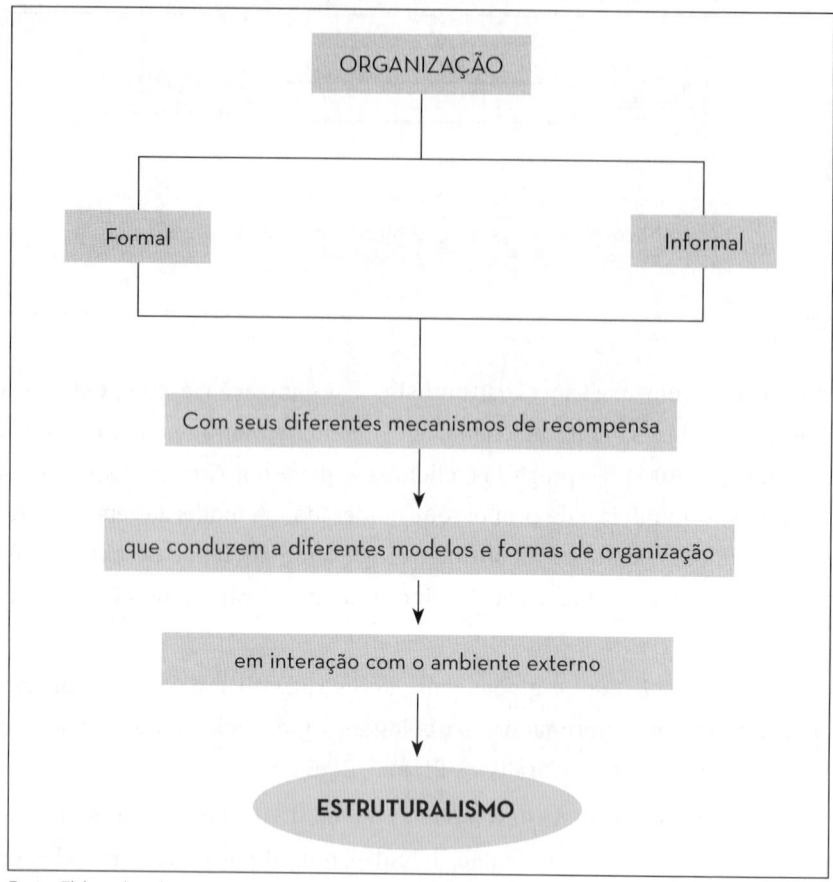

```
                    ORGANIZAÇÃO

         Formal                      Informal


         Com seus diferentes mecanismos de recompensa
                          ↓
         que conduzem a diferentes modelos e formas de organização
                          ↓
              em interação com o ambiente externo
                          ↓
                    ESTRUTURALISMO
```

Fonte: Elaborada pelo autor.

E como tudo se originou? Inicialmente, com o desenvolvimento das cidades e a crescente demanda de produtos e serviços para atender às necessidades da população, criando uma sociedade mercantil de base que, movida pela competitividade, viria fazer eclodir sistemas organizacionais e organizações cada vez mais aperfeiçoados e diversificados.

FIGURA 8.4 Alguns fatos econômicos e sociais que influenciaram nas organizações

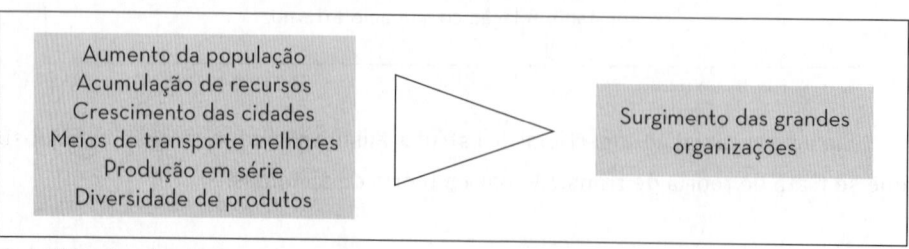

```
   Aumento da população
   Acumulação de recursos
   Crescimento das cidades              ▷    Surgimento das grandes
   Meios de transporte melhores              organizações
   Produção em série
   Diversidade de produtos
```

Fonte: Elaborada pelo autor.

O crescimento trouxe a complexidade e as empresas depararam-se com grandes desafios relacionados ao melhor aproveitamento das matérias-primas, custos menores, novos mercados, pesquisa e desenvolvimento de novos produtos, mão de obra qualificada, tecnologia, adequação a mercados distintos e suas respectivas legislações.

A complexidade organizacional

FIGURA 8.5 A empresa moderna combina os fatores da produção

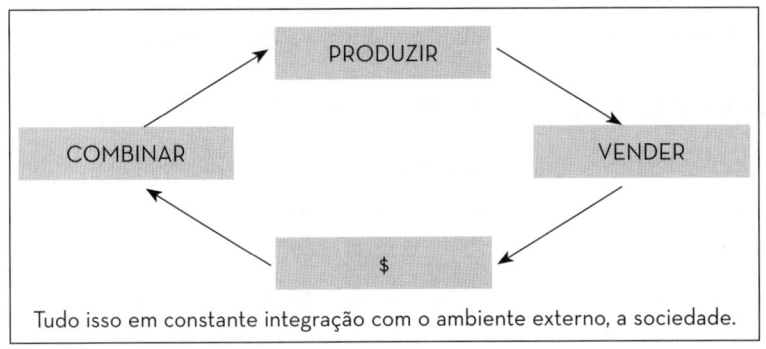

```
           PRODUZIR
          ↗         ↘
   COMBINAR          VENDER
          ↖         ↙
              $
```

Tudo isso em constante integração com o ambiente externo, a sociedade.

Fonte: Elaborada pelo autor.

O gigantismo das relações comerciais e o lucro acima de quaisquer outros interesses acabaram por relegar a tal ponto o homem a um plano secundário no contexto social que as organizações precisaram rever sua posição para não terem inviabilizada a sua continuidade.

FIGURA 8.6 Os diferentes públicos da empresa

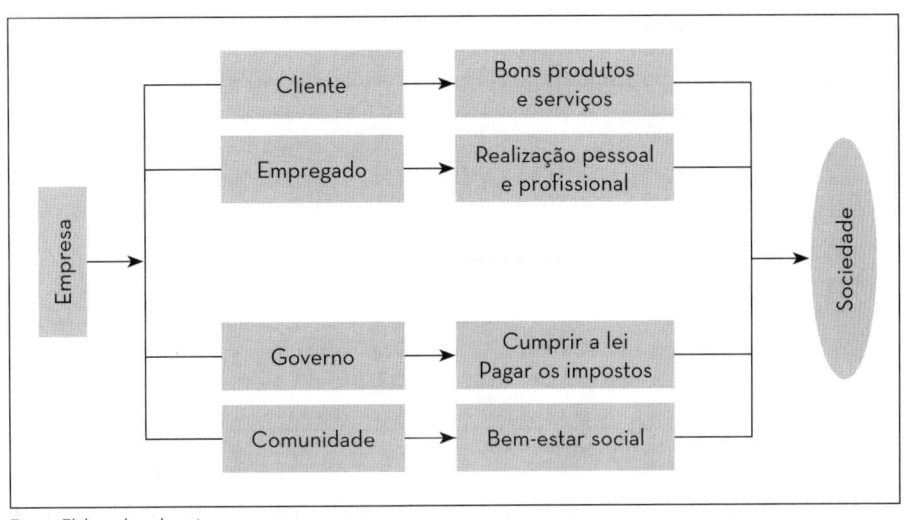

Empresa →	Cliente	→	Bons produtos e serviços	
	Empregado	→	Realização pessoal e profissional	→ Sociedade
	Governo	→	Cumprir a lei / Pagar os impostos	
	Comunidade	→	Bem-estar social	

Fonte: Elaborada pelo autor.

Na estrutura formal, um departamento é composto fundamentalmente de profissionais especializados em determinada área da atividade-fim e administrativa de uma empresa, com características definidas, como hierarquia, divisão do trabalho, normas de procedimento, autoridade limitada, impessoalidade nos contatos pessoais, separação entre administração e propriedade e ênfase nas comunicações escritas.

A partir do modelo organizacional e operacional adotado são criados os departamentos, que podem ser inúmeros; dentre eles, destacamos: presidência, recursos humanos, auditoria, jurídico, finanças, contabilidade, informática, vendas, distribuição, suprimentos, marketing, produção, administração e serviços gerais.

Linhas de autoridade na estrutura formal

As linhas verticais indicam autoridade ou instância a que está submetido o quadro funcional. No desenho a seguir, o departamento Q está subordinado ao departamento P.

FIGURA 8.7 As linhas verticais indicam uma relação de autoridade

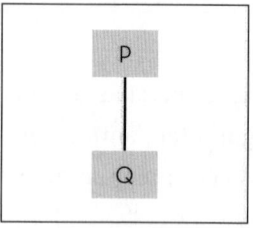

Fonte: Elaborada pelo autor.

As linhas horizontais indicam o curso do poder de decisão dentro da hierarquia organizacional estruturalista.

FIGURA 8.8 As linhas horizontais indicam uma relação de assessoria

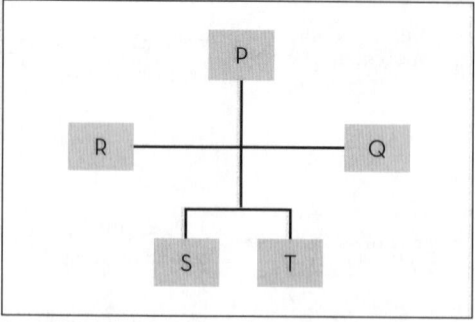

Fonte: Elaborada pelo autor.

No quadro anterior, as funções R e Q opinam e recomendam decisões para P, mas não têm autoridade para mandar em S nem em T.

Visão interna (empresa) e visão externa (sociedade ou cliente)

- **Visão do cliente:** o cliente deseja atendimento personalizado e eficaz, não querendo ser encaminhado de um departamento para outro.
- **Visão departamental:** o departamento é mais importante, e o atendimento ao cliente obedecerá estritamente ao que lhe compete, devendo o cliente ser transferido para outro setor quando esgotadas as suas atribuições.

A tramitação das solicitações feitas pelo cliente torna-se lenta, e o caminho do pedido ao atendimento, prolongado, tornando inevitáveis os conflitos entre as partes.

FIGURA 8.9 Organização departamental

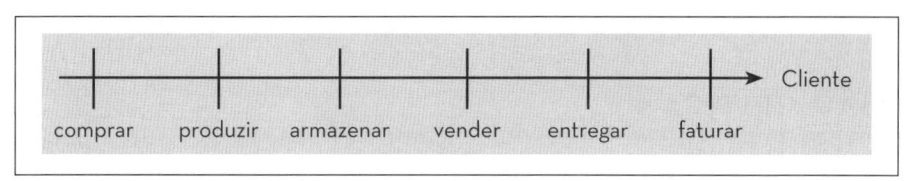

comprar — produzir — armazenar — vender — entregar — faturar → Cliente

Fonte: Elaborada pelo autor.

O conceito de conflito

Conflito, no sentido tradicional, significa divergência, briga, desentendimento, discordância etc., mas, na administração, sinaliza que o seu desempenho deixa a desejar.

FIGURA 8.10 Como podem ser os conflitos na organização

Individual
I — Conflito íntimo do indivíduo que toma a decisão

Organizacional
I ⇄ I — Conflito entre indivíduos na organização

Interorganizacional
G ⇄ G — Conflito entre grupos na organização ou fora dela

Fonte: Elaborada pelo autor.

A postura dos indivíduos diante do conflito é sempre a de oferecer solução. O conflito na organização decorre da existência de situações que necessitam de decisões.

A decisão é não conflitante quando, dentre as alternativas, existe uma nitidamente superior a todas as demais, ou quando existe uma que é bastante boa para ser aceitável (decisão trabalhada).

O modelo estruturalista contempla a análise da estrutura formal e da informal. Esta traz a percepção de modo como as coisas se passam no dia a dia da organização, sem a rigidez da estrutura formal.

O funcionamento da organização como um sistema aberto ao meio externo traz desafios e conflitos, motivando-a, incansavelmente, na busca de soluções que permitam o restabelecimento de relações estáveis entre ela e seu público.

VISÃO CRÍTICA

A grande crítica a essa escola é feita à tipologia desenvolvida das organizações, em razão de sua limitada aplicabilidade prática, que é muito discutível em certos casos.

⊃ RESUMO

A Escola Estruturalista é uma alternativa dentro da corrente da teoria administrativa que se desenvolveu a partir dos estudos sobre as limitações e a rigidez do modelo burocrático, introduzindo o conceito de sistema aberto aliado às contribuições de outras duas escolas, a Clássica e a Comportamental. Iniciada na década de 1950 e sendo um desdobramento da teoria burocrática, tentou conciliar as teses propostas pelas teorias Clássica e das Relações Humanas.

Aborda as organizações no seu ambiente externo. Seus autores viam a sociedade moderna como uma sociedade de organizações que interagem entre si, assim como os grupos sociais.

Amitai Etzioni, um dos grandes nomes dessa escola, afirma que as organizações são unidades sociais formadas para atingir objetivos específicos, caracterizadas por um conjunto de relações sociais criadas com a intenção de obter relações estáveis entre as pessoas, a fim de alcançar os objetivos estabelecidos.

Conforme a visão organizacional da Escola Estruturalista, define-se o conceito de homem organizacional, ou seja, o homem que desempenha papéis em diferentes organizações. O homem organizacional deve ter características cooperativistas e coletivistas, estando preparado para as constantes mudanças que ocorrem nas organizações.

A teoria estruturalista procura integrar o formal e o informal, estudando as relações dentro e fora da organização; não apresenta novos conceitos a respeito da organização formal nem da informal, mas busca um equilíbrio entre elas, e sua interação com o ambiente.

➲ NA PRÁTICA

Para consolidar a aprendizagem, apresentamos algumas perguntas baseadas no texto e aplicadas às situações práticas de trabalho.

Questionário

1. Quais as ideias básicas da Escola Estruturalista?
2. Quais os pesquisadores que se destacaram?
3. O homem é visto por eles como um ser organizacional? Comente.
4. Como a Escola Estruturalista concebe a análise das organizações?
5. Quais os pontos positivos encontrados na Escola Estruturalista?
6. Quais os pontos negativos a citar?

Exercícios de aplicação

1. A atividade da empresa está relacionada com diferentes públicos. Como você explicaria o gráfico a seguir?

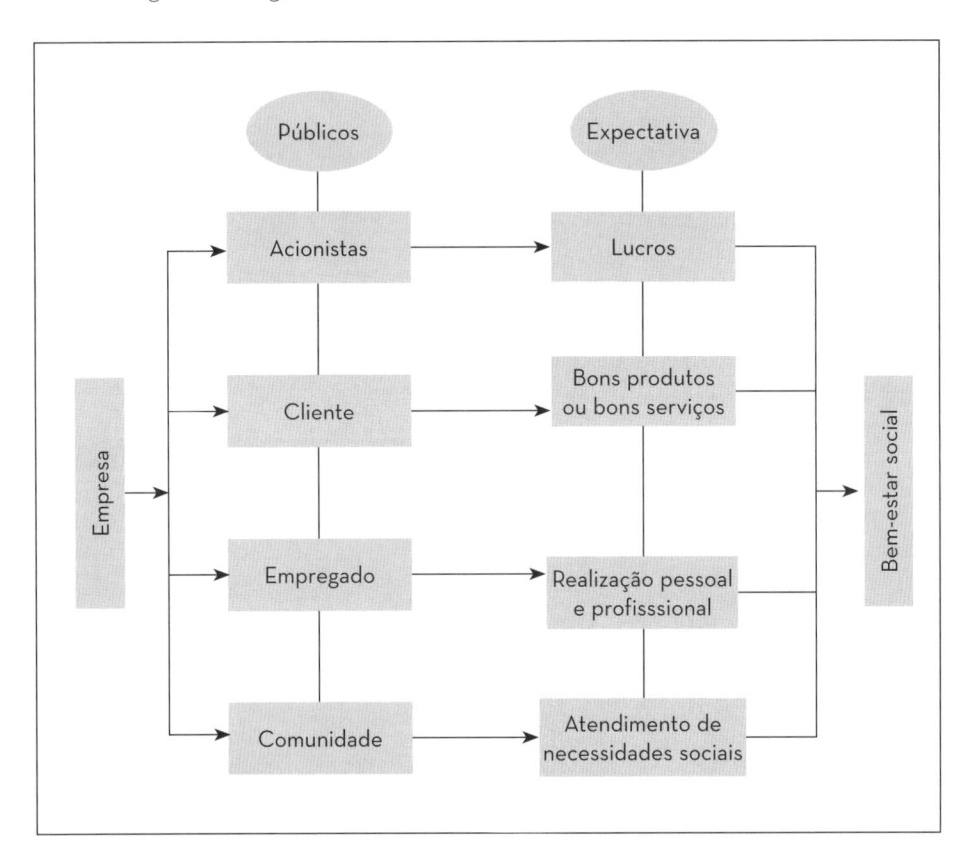

```
                    Públicos              Expectativa

Empresa  →  Acionistas      →    Lucros
         →  Cliente         →    Bons produtos
                                 ou bons serviços         →  Bem-estar social
         →  Empregado       →    Realização pessoal
                                 e profisssional
         →  Comunidade      →    Atendimento de
                                 necessidades sociais
```

2. A empresa é uma instituição que combina os fatores da produção. Com suas palavras, explique o gráfico a seguir.

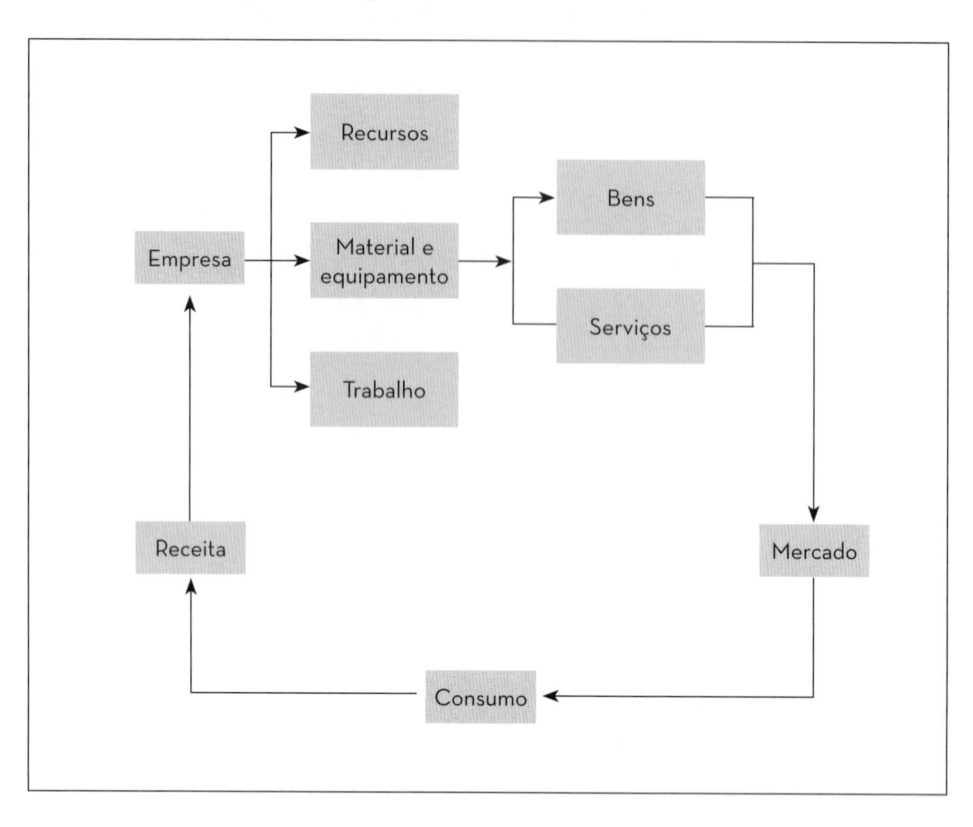

```
Empresa → Recursos
        → Material e equipamento → Bens
        → Trabalho                → Serviços → Mercado → Consumo → Receita → Empresa
```

3. A visão estruturalista descreve a empresa numa relação permanente com o ambiente externo. Esta relação é estática ou dinâmica?

Escola de Sistemas

É ponto de vista comum entre os estudiosos que a teoria estruturalista está a um passo da teoria dos sistemas. Ao dizer que a empresa atua em interação com o meio externo, estava aberto o caminho para o surgimento da visão sistêmica da organização, que a vê como parte de um sistema amplo e dinâmico, que a influencia e é por ela influenciado.

FIGURA 9.1 A organização interage com o meio externo

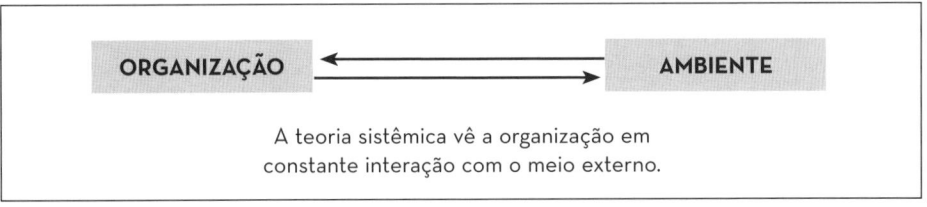

| ORGANIZAÇÃO | ⟷ | AMBIENTE |

A teoria sistêmica vê a organização em constante interação com o meio externo.

Fonte: Elaborada pelo autor.

Visão geral

A Teoria dos Sistemas é uma decorrência da Teoria Geral de Sistemas desenvolvida pelo biólogo alemão LudWig von Bertalanffy e acabou sendo aproveitada pelas demais ciências, tendo influenciado de modo significativo a administração. Os trabalhos do biólogo foram publicados entre 1950 e 1968 e não visavam apenas à solução de problemas, mas à produção de teorias e formulações conceituais que pudessem criar condições de aplicabilidade. Os principais autores ligados à Teoria Sistêmica são Ludwig von Bertalanffy, Norbert Wiener, Daniel Katz, Robert Kahn e James E. Rosenzewig.

Sistema é o complexo do todo organizado, um conjunto ou a combinação de coisas ou partes, que compõem um valor unitário: se o assunto é astronomia, pensa-se em sistema solar; se é economia, pensa-se em sistemas monetários; se o assunto é fisiologia, pensa-se no sistema nervoso, no sistema circulatório e assim por diante.

Na administração, do ponto de vista histórico, verifica-se que a Teoria da Administração Científica utilizou o conceito de sistema homem-máquina, mas limitou-se ao trabalho fabril, preocupando-se com a produtividade e com os procedimentos de trabalho que beneficiassem os operários, os chefes e os empresários.

A Teoria das Relações Humanas abordou esse sistema estendendo-se às relações entre as pessoas dentro da organização. A compreensão do efeito das relações sociais entre pessoas, da conduta social do indivíduo e de pequenos grupos provocou profunda revisão dos critérios e técnicas gerenciais.

APRENDA MAIS

Ludwig von Bertalanffy (1901-1972) foi um dos mais importantes biólogos do século passado.

Seus primeiros escritos sobre a teoria sistêmica datam dos anos 1920. Bertalanffy desenvolveu uma interessante abordagem na qual destacou a ocorrência dos sistemas na física, na biologia e nas ciências em geral. Sistema seria a associação formal de dois ou mais elementos, para um determinado fim. Segundo Bertalanffy os administradores muito teriam a ganhar se relacionassem e aplicassem a teoria sistêmica às organizações – pois afinal ela é também um conjunto formal de partes relacionadas entre si.

Na visão de Bertalanffy, a teoria sistêmica permite relacionar a organização com o ambiente externo. Assim, a empresa forma com o meio externo um sistema que influencia e sofre influências.

Ludwig von Bertalanffy também definiu os vários tipos de sistemas, descrevendo os sistemas abertos, dinâmicos, e os sistemas fechados – fadados à obsolescência e ao desaparecimento (a eficiência ou eficácia do conjunto é mais relevante do que a eficiência das partes, tomada isoladamente).

A Teoria Geral dos Sistemas é o livro mais conhecido de Bertalanffy, esse brilhante biólogo nascido na Alemanha e emigrado para a América.

Muitos autores buscaram em Ludwig von Bertalanffy inspiração para desenvolver e ampliar a teoria sistêmica aplicada às organizações

EXPLORE MAIS

http://www.infoescola.com

http://www.portal-administracao.com

A teoria estruturalista concebe a empresa como um *sistema social*, reconhecendo a existência tanto de uma organização formal como de uma organização informal dentro de um *sistema total integrado*. A organização ou a empresa está sujeita à pressão do meio, visto ser parte integrante de um sistema organizacional mais amplo: a sociedade.

O pensamento sistêmico

A Teoria dos Sistemas desempenha papel decisivo na ciência de nosso tempo, pois permite a integração de conhecimentos das ciências físicas, biológicas e humanas. Alguns dos seus principais desdobramentos foram a teoria da informação, a cibernética e a ecologia.

Para as ciências administrativas, o pensamento sistêmico é muito importante, pois as organizações abrangem vários aspectos, como:

- as transformações físicas necessárias à fabricação dos produtos e à prestação dos serviços;
- a comunicação entre os agentes e colaboradores para desenvolver, produzir e entregar o produto ou serviço, atendendo às expectativas e necessidades do cliente;
- o envolvimento das pessoas para que elas se empenhem no processo cooperativo;
- o desenvolvimento de competências, habilidades e conhecimentos, para que os profissionais tenham condições de realizar suas respectivas atividades da maneira esperada.

A ciência do século XIX adotava a mecânica clássica como modelo do pensamento científico, o que equivale a pensar nas coisas como mecanismos e sistemas fechados. A ciência atual veio corrigir esse equívoco trazendo como modelo um organismo vivo e dinâmico, voltado para atender prontamente a uma realidade cada vez mais competitiva e exigente.

Sistemas

Sistema é a conjunção de todos os elementos que compõem uma unidade de valor individual. Outra definição de sistema é a de um conjunto de elementos, interagentes e interdependentes, cada qual com sua função específica, que trabalham em sintonia para atingir determinado objetivo comum.

FIGURA 9.2 Sistemas abertos e fechados

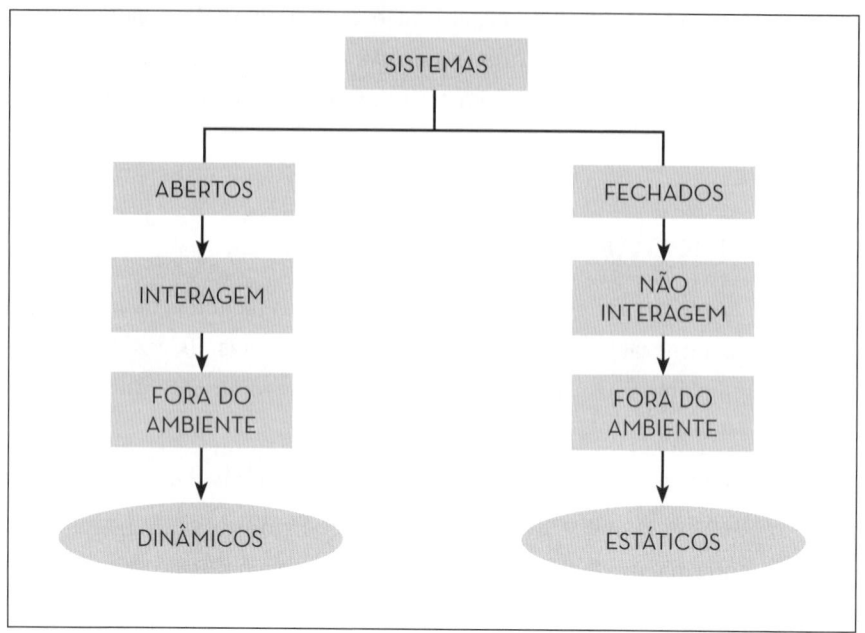

```
                        SISTEMAS
                    ┌──────┴──────┐
                 ABERTOS        FECHADOS
                    │              │
                 INTERAGEM       NÃO
                                 INTERAGEM
                    │              │
                 FORA DO        FORA DO
                 AMBIENTE       AMBIENTE
                    │              │
                 DINÂMICOS      ESTÁTICOS
```

Fonte: Elaborada pelo autor.

O Estado do sistema

O estado de um sistema em determinado instante de tempo é o conjunto de propriedades relevantes $\{s_1, s_2, s_3, ... s_n\}$ que ele possui nesse instante. Um sistema pode ter inúmeras propriedades, mas apenas algumas são relevantes para propósitos específicos. Assim, o conjunto das propriedades relevantes e, portanto, a definição do que constitui o *estado do sistema*, podem mudar em decorrência da alteração da finalidade que levou a um determinado estudo. Em alguns casos, é interessante observar variáveis com apenas dois estados possíveis (ligado/desligado, verdadeiro/falso etc.), enquanto em outros é melhor observar variáveis que podem assumir um número ilimitado de valores (temperatura, velocidade, lucro líquido etc.).

Ambiente

O ambiente de um sistema é um conjunto de elementos que não faz parte dele, mas pode produzir mudanças no seu estado, sendo constituído de propriedades relevantes $\{a_1, a_2, a_3..., a_m\}$, em um determinado instante.

Portanto, o ambiente de um sistema pode provocar alterações no sistema e qualquer alteração no sistema pode alterar o ambiente. De modo geral, a primeira situação ocorre mais facilmente, ou seja, o ambiente interfere muito mais na empresa do que a empresa no seu ambiente.

O ambiente de um sistema, representado por uma empresa, pode ser constituído pelos seguintes elementos: governo, mercado de mão de obra, concorrência, consumidores, comunidade, tecnologia, sindicatos, sistema financeiro, fornecedores etc. O ambiente é também chamado de meio ambiente, meio externo ou simplesmente meio.

Os tipos de sistemas

Quanto à **constituição**, os sistemas podem ser:

- **Concreto**: o corpo físico da empresa – suas dependências, maquinários, ferramentas etc., podendo ser medidos em termos quantitativos de desempenho.
- **Abstrato**: o plano onde têm lugar os conceitos, planos, hipóteses e ideias.

Quanto à **natureza**, os sistemas podem ser:

- **Abertos**: empresas e governos, caracterizados pela grande amplitude de suas relações com o meio.
- **Fechados**: aqueles nos quais o processo está limitado a uma entrada constante ou invariável e uma saída estatisticamente previsível. O monopólio é um exemplo de sistema parcialmente fechado.

A grande virtude da teoria sistêmica foi descrever a organização funcionando em suas partes e, ao mesmo tempo, relacionando-se com as variáveis ambientais.

Sistemas fechados e sistemas abertos

Sistemas abertos são aqueles que interagem com o ambiente e são facilmente adaptáveis às repentinas e sucessivas mudanças que se apresentem. Há um grande intercâmbio entre o sistema e o ambiente; são de fácil adaptação por estarem muito mais sujeitos a interferências do ambiente, o que gera um processo contínuo de aprendizagem e auto-organização. Os sistemas abertos realizam muitas trocas com o ambiente, mas nem sempre sabem especificar exatamente qual a consequência que determinada troca ou influência do ambiente terá sobre si.

Sistemas fechados não estão sujeitos a influências do ambiente e tampouco exercem influência sobre ele. Na verdade, por não haver um sistema absolutamente fechado, podemos considerar como sistemas fechados que têm pouquíssimas trocas com o ambiente, sendo elas facilmente previsíveis. Os sistemas fechados são aqueles totalmente determinísticos e programados, nos quais podemos estabelecer claramente uma relação de causa e efeito.

Na teoria dos sistemas, as organizações são abordadas como **sistemas abertos**, pois seu comportamento é dinâmico e não estático. Fazem parte de um complexo maior, a sociedade, e têm suas atividades voltadas para atender às exigências por ela impostas.

Visão interna do sistema aberto

O sistema aberto apresenta uma *entrada* que é um elemento produzido no ambiente denominado fornecedor, e uma *saída*, denominada cliente. O conjunto de entradas e saídas é denominado de **interfaces** e é encontrável apenas nos sistemas abertos, cujo comportamento envolve uma gama de mudanças de estado, os eventos, com causas e consequências relacionadas ao cumprimento de seus objetivos.

Parâmetros dos sistemas

O sistema é determinado por alguns **parâmetros**. Parâmetros são constantes arbitrárias que caracterizam, por suas propriedades, o valor e a descrição dimensional de um sistema específico ou de um componente do sistema[1].

Os parâmetros dos sistemas são:

- **Objetivos:** abrangem tanto os objetivos dos usuários como os do próprio sistema, que devem estar em harmonia. O sistema deve ser planejado tendo em mente os objetivos pretendidos. Quanto mais claro for o objetivo, mais fácil será o estabelecimento dos demais componentes do sistema.

- **Entrada** ou **insumo:** é a forma de arranque do sistema. São os elementos que fornecem ao sistema a energia, a matéria-prima, a informação para a execução do processo, o qual gerará determinadas saídas que devem estar de acordo com os objetivos.

- **Processo, processador** ou **transformador:** é o fenômeno que produz mudanças; o mecanismo de conversão das entradas em saídas ou resultados. É o modo como os elementos interagem para produzir as saídas. Os processos criam operações, ritmos que determinam como serão processadas as entradas para se alcançarem os objetivos e de que forma serão arranjados os componentes do sistema para que isso aconteça.

- **Saída, resultado** ou **produto:** é a finalidade para a qual se reúnem os objetivos e as relações do sistema, ou seja, são os resultados do processo de transformação. As saídas devem ser coerentes com os objetivos e devem ser quantificáveis, de acordo com parâmetros predeterminados.

---

[1] CHIAVENATO, I. *Introdução à teoria geral da administração.* São Paulo: Makron Books, 1993.

- **Controles e avaliações do sistema:** sua função é principalmente verificar se as saídas estão coerentes com o objetivo estabelecido, sendo necessário haver um padrão que sirva como medida de desempenho; serão mais eficientes se forem feitos durante todo o processo de transformação para fácil identificação de eventuais erros.

- **Retroação, retroalimentação** ou **retroinformação** (*feedback*): é a função de subsistema que visa a comparar a saída com um critério ou padrão previamente estabelecido. Pode ser considerada como a reintrodução de uma saída sob a forma de informação, ou seja, a avaliação do resultado final do processo, comparada com os objetivos estabelecidos, gerando informações e sugestões que possam melhorar o sistema. Funciona como um instrumento de controle, cuja fonte de informações são as diferenças entre as saídas e os parâmetros predeterminados.

Além disso, os processos podem ser:

- mentais: aprender, pensar, planejar;
- motores-mentais: escrever, construir, testar;
- mecânicos: operar/funcionar.

APRENDA MAIS

Parâmetros dos sistemas abertos nas empresas

- *Objetivos:* razão da existência do sistema;
- *Entradas:* informações, mão de obra, recursos financeiros e materiais;
- *Processo:* a transformação pela qual passam os elementos de entrada;
- *Saídas:* produto final que resulta do processamento das entradas;
- *Controle:* verifica se as saídas estão de acordo com os objetivos estabelecidos;
- *Feedback:* é um procedimento de autoavaliação, para a necessária correção dos desvios.

FIGURA 9.3 *Feedback* é um meio pelo qual o sistema se informa sobre seu próprio desempenho

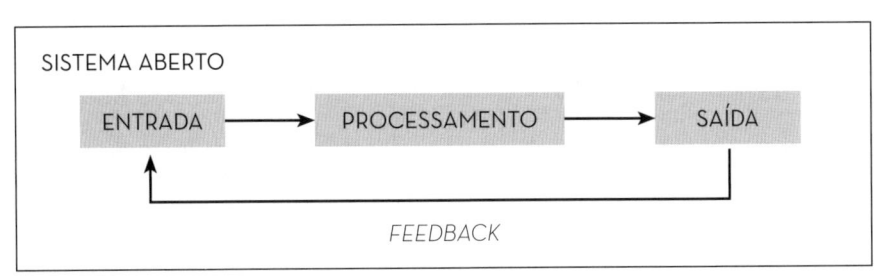

SISTEMA ABERTO

ENTRADA → PROCESSAMENTO → SAÍDA

FEEDBACK

Fonte: Elaborada pelo autor.

A Escola de Sistemas contribuiu para a administração na medida em que mostrou a importância de ter uma visão geral da empresa, procurando entender a complexidade que a envolve, evidenciando o ambiente externo como fator determinante para o sucesso da empresa, e estabelecendo que a estrutura organizacional deve estar de acordo com o ambiente que a cerca.

Os sistemas e as pessoas

Uma organização só apresentará resultados quando seus indivíduos forem capazes de se comunicar entre si (interação), estiverem dispostos a contribuir com ações concretas (cooperação) e possuírem um propósito comum (objetivos).

FIGURA 9.4 Pessoas contribuem para o sistema da organização e integram-se a ele

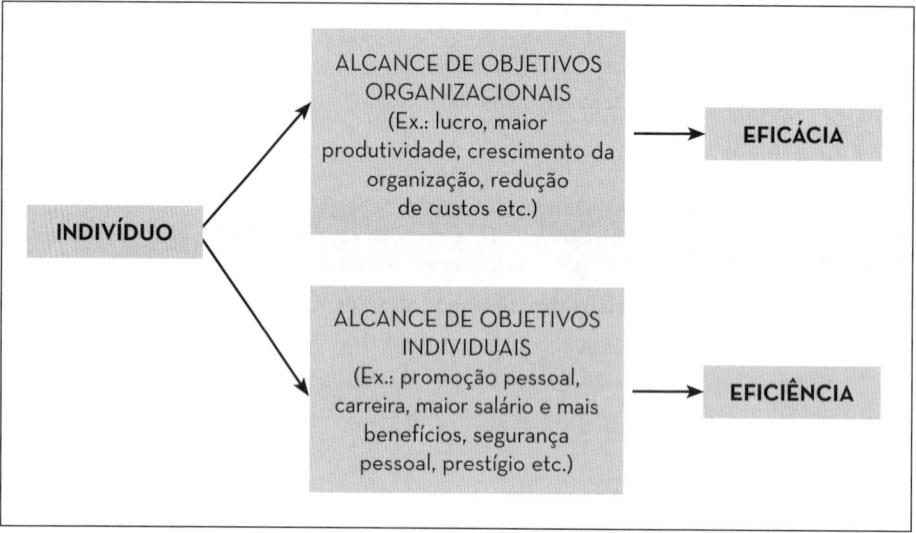

```
                    ALCANCE DE OBJETIVOS
                      ORGANIZACIONAIS
                    (Ex.: lucro, maior
                 produtividade, crescimento da    →  EFICÁCIA
                    organização, redução
                      de custos etc.)
   INDIVÍDUO
                    ALCANCE DE OBJETIVOS
                         INDIVIDUAIS
                    (Ex.: promoção pessoal,
                  carreira, maior salário e mais  →  EFICIÊNCIA
                    benefícios, segurança
                  pessoal, prestígio etc.)
```

Fonte: Elaborada pelo autor.

⮕ RESUMO

A teoria dos sistemas, que tomou forma nos anos 1950, permite a integração de conhecimentos das ciências físicas, biológicas e humanas, consistindo o sistema no conjunto de elementos interrelacionados.

Surgem novos instrumentos de administração nos quais o papel do planejamento não tem função só microeconômica (controle de produção), mas também macroeconômica (avaliação de índices nacionais, sazonais, concorrência, população, renda etc.), e de formulação de política para todos os departamentos especializados. O ambiente é moldável, permitindo o aproveitamento de oportunidades, facilidades e vantagens benéficas à empresa no momento mais oportuno. Dois dos desafios motivados pela própria flexibilidade consistem em administrar as variantes:

- Ambiente e suas variáveis externas (exógenas).
- Tecnologia e suas variáveis internas (endógenas).

Os sistemas, quanto à natureza, podem ser abertos ou fechados. As organizações são abordadas como sistemas abertos, pois fazem parte de um sistema maior a sociedade, que exige uma participação contínua da organização com o meio ambiente externo.

O pesquisador Ludwig von Bertalanffy foi um dos principais defensores desta escola.

⇾ NA PRÁTICA

Para consolidar a aprendizagem, apresentamos algumas perguntas baseadas no texto e aplicadas às situações práticas de trabalho.

Questionário

1. O que é a teoria sistêmica?
2. Apresente o conceito de sistema.
3. Enumere algumas características de um sistema.
4. Qual a diferença entre sistema aberto e fechado?
5. Defina entrada, processamento e saída de um sistema.
6. Na Escola Sistêmica, como é entendida a organização?
7. Quais os autores que se destacaram nessa escola?
8. Identifique alguns pontos positivos da Escola Sistêmica.

Exercícios de Aplicação

1. Alguns autores dizem que a empresa é um sistema, ou seja, um conjunto de partes que convergem para um determinado fim. Você concorda? Explique.
2. Quais são as vantagens e desvantagens da terceirização?
3. A crescente informatização dos serviços e da produção tem um efeito devastador (negativo) na oferta de empregos. Você concorda?
4. A fábrica de embutidos Delta vende 1.000 toneladas por mês, consumindo 100 toneladas de folha de flandres, vendida sob o regime de cotas pela siderúrgica local. Eduardo, gerente de vendas, informa que pode vender 20% a mais da produção para os mesmos clientes. A produção diz que pode atender. A área de suprimentos diz que precisará comprar folha de flandres no mercado paralelo, com ágio de 20%, mas o departamento financeiro é contra. Faça uma reunião e coordene a solução.
5. Chegou a hora da sucessão na empresa e você é candidato ao comando, juntamente com sua irmã.
    a) Você acha que ela não deve ser escolhida porque as mulheres são mais frágeis. Apresente argumentos válidos para que ela não assuma.
    b) Você é a irmã, e na realidade você acha que seu irmão não deve ser escolhido, porque deve prevalecer o critério da competência, independente do sexo. Argumente para reforçar seu ponto de vista.

6. Você trabalha num grande restaurante e o gerente acabou de determinar que você misture o arroz que sobrou do almoço de ontem com o produto do dia e sirva aos clientes. Você sabe que isso pode gerar problemas com os clientes. Como ações desse tipo podem comprometer o futuro da empresa?

7. Você viu um colega adulterando a especificação do produto e desviando a matéria-prima que sobrou. Você optou por silenciar. Justifique sua conduta.

8. Um fornecedor oferece-lhe dinheiro para que você faça compras dele. Você decide levar o assunto ao conhecimento de sua chefia. Justifique a sua posição com relação ao fato.

Escola de Administração por Objetivos

10

O pensamento administrativo, em um certo momento, ficou confinado à explicação de teorias. As organizações, cada vez maiores e mais complexas, necessitavam investir no conhecimento da essência, da finalidade última de suas atividades. Principiou, então, a tomar forma uma corrente de pensamento voltada para os objetivos.

Origens da Administração por Objetivos

A origem da Administração por Objetivos (APO) está baseada na mudança do enfoque administrativo. A ênfase saiu do processo, dos meios de produção, das atividades-meio e passou às atividades-fim, aos resultados e objetivos alcançados.

Peter F. Drucker é considerado o seu criador ao lançar o livro *Prática da administração de empresas*, em 1954.

Algumas das razões para o surgimento da administração por objetivos foram:

- A pressão que as empresas privadas norte-americanas sofriam desde 1920. As empresas constatavam diminuição na sua margem de lucro e, consequentemente, a necessidade de diminuir despesas, focando seus esforços principalmente nos resultados, eliminando atividades que não fossem essenciais. Isso gerou um tipo de administração por pressão, que não se mostrou eficiente, resultando no aparecimento da administração por objetivos.

- Surgiu como método de controle e desempenho das áreas organizacionais e das próprias organizações que apresentavam crescimento acelerado. Começou como um método de avaliação baseado em critérios financeiros. Apesar de eficiente do ponto de vista financeiro, não se mostrou útil para avaliação da empresa como um todo, pois não levava em consideração as variáveis humanas e sociais, gerando conflitos entre funcionários de nível médio e baixo e a alta administração da empresa.

A partir dessa situação surgiram as teorias de descentralização e da administração por objetivos, fortalecendo a autoridade de cada chefe de área ou departamento.

Visão geral

A APO é um sistema de gerência em que chefias e subordinados estabelecem objetivos e metas para suas respectivas áreas de responsabilidade, formulam planos para atingir as metas especificadas, definem padrões para medir o desempenho e fazem o acompanhamento periódico do progresso obtido.

FIGURA 10.1 A APO é um sistema de gestão

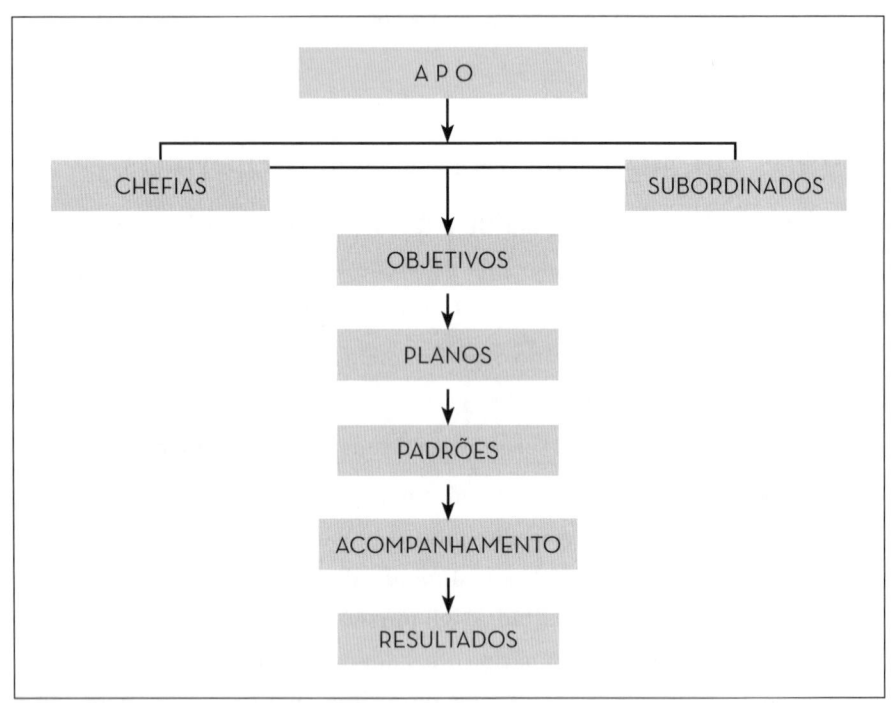

```
                    APO
                     ↓
        CHEFIAS ─────┬───── SUBORDINADOS
                     ↓
                  OBJETIVOS
                     ↓
                   PLANOS
                     ↓
                  PADRÕES
                     ↓
               ACOMPANHAMENTO
                     ↓
                 RESULTADOS
```

Fonte: Elaborada pelo autor.

Chefias e subordinados estabelecem os objetivos, os planos para alcançá-los, os padrões para medir o desempenho, acompanham as ações e, finalmente, avaliam os resultados.

Os resultados são particularmente especiais na APO, e contribuem significativamente para o grande prestígio desse método. Sem perder de vista as técnicas tradicionais de administração, a APO investe nos objetivos e metas a serem alcançados, demonstrando ser de grande valia no planejamento empresarial, na coordenação e na integração, na avaliação da eficácia gerencial, na administração de recursos humanos e no desenvolvimento de gerentes.

A maior de todas as vantagens da APO, segundo Drucker, é possibilitar ao administrador o controle de seu próprio desempenho; como vantagens secundárias, podemos citar o método disciplinador do crescimento da empresa, o equilíbrio dos objetivos a longo e a curto prazo, o melhor aproveitamento da capacidade dos gerentes, o trabalho em equipe e a melhoria das relações entre chefe e subordinado.

APRENDA MAIS

Peter Drucker nasceu na Áustria, em 1909. Embora sua contribuição para a Administração seja forte e poderosa, ele não se formou em Administração, mas, sim, em Direito. Deixou a Áustria e, depois de uma passagem pela Inglaterra, radicou-se nos Estados Unidos.

Mente aguda e notável capacidade de análise e diagnóstico das organizações, Peter Drucker notabilizou-se especialmente pelas ideias de APO.

Segundo ele, as organizações precisam estabelecer objetivos claros, mensuráveis e encadeados, de forma que toda a estrutura da empresa se volte para as ações concretas e práticas que permitirão chegar aos resultados pretendidos.

Peter Druker escreveu vários livros dedicados à gestão de empresas e aos desafios das organizações. Alguns de seus trabalhos podem ser citados: *A nova sociedade*, *Prática de administração de empresas*, *Administração lucrativa*, *O gerente eficaz*, *A profissão de administrador* e *Administração em tempos turbulentos*.

Exemplo de lucidez e longevidade, Peter Drucker faleceu nos Estados Unidos em 2005. É considerado o principal inspirador da Escola da Administração por Objetivos, também chamada de Neoclássica por alguns autores.

Um de seus grandes méritos foi incentivar e destacar a importância do planejamento para as organizações. Segundo Drucker, o planejamento é um processo de redução de incertezas e uma forma de melhor alocar recursos e aplicar esforços.

Em seus trabalhos enfatiza sempre que os gerentes devem perseguir objetivos inspirados nos objetivos da empresa e que o resultado global é o mais importante.

Certamente, ele é um autor e cientista fascinante. Claro e lúcido, agradável de ler, terá sempre um lugar de honra na Ciência Administrativa.

EXPLORE MAIS

http://www.portal-administracao.com

http://www.rhportal.com.br

Características da APO

Os objetivos devem ser estabelecidos em conjunto entre os subordinados e seus chefes, procurando harmonia entre os objetivos individuais de cada área e os objetivos gerais da empresa, evitando-se conflitos entre os departamentos ou então que determinada área não esteja seguindo a direção desejada pela alta administração. Assim, todos os objetivos devem estar interligados para que a empresa atinja o máximo de eficiência.

A APO dá grande ênfase ao controle. Portanto, é necessário estabelecer critérios quantitativos de mensuração dos resultados para poder compará-los com os objetivos estabelecidos. Para isso, deve haver uma revisão regular do processo, permitindo efetuar as mudanças necessárias e adequando-o à situação desejada.

Há também a necessidade de grande participação tanto do chefe como dos subordinados, existindo intensa interação chefe-subordinado. Por um lado deve haver o envolvimento do chefe desde o estabelecimento dos objetivos, passando pelo controle, até o resultado final, por outro, a necessidade de subordinados devidamente treinados e preparados para desempenhar as funções determinadas pela APO.

Limitações da APO

A implantação de um sistema de APO coloca a empresa diante de uma série de obstáculos, em sua maioria comuns à implantação de qualquer novo programa. A remoção desses obstáculos – como falta de apoio, resistência às mudanças, dificuldades no estabelecimento de metas e objetivos e deficiência na comunicação em sentido vertical e horizontal dentro da empresa – seria, evidentemente, a primeira meta a ser alcançada.

Outra dificuldade encontrada pela APO é a de mensuração e de controle, pois nem sempre é possível medir com precisão os objetivos e resultados em termos quantitativos, e se um objetivo não pode ser medido não há como verificar a eficiência dos resultados alcançados, já que não é possível compará-los com os objetivos propostos.

Metodologia de implantação da APO

O processo de implantação do sistema deve adotar os seguintes passos:
I. Exposição do assunto à direção superior da empresa e obtenção de seu integral apoio.

2. Palestra para os gerentes divisionais, explicando o sistema.
3. Análise das condições de funcionamento de cada área da empresa, incluindo as repercussões internas e externas.
4. Preparação, por área, de lista de objetivos passíveis de serem alcançados.
5. Discussão com a diretoria sobre o relatório da situação e a lista de objetivos.
6. A diretoria faz um *exame da situação*, considerando aspectos econômicos, financeiros, tecnológicos, produtivos e administrativos. Avalia, também, fatores condicionantes, como: recursos, técnicas, mercados, recursos humanos etc.
7. Seleção de temas, por área, com retorno de estudos e propostas dos respectivos diretores.
8. *Feedback* e redação de documento contendo os objetivos gerais das propostas.
9. Elaboração de planos estratégicos para definir as políticas e o curso de ação.
10. Elaboração de planos táticos divisionais, definindo operações e recursos.
11. Definição de objetivos e metas departamentais e subordinadas.
12. Fixação de metas individuais.
13. Acompanhamento e análise periódica dos resultados.

FIGURA 10.2 Fontes de objetivos

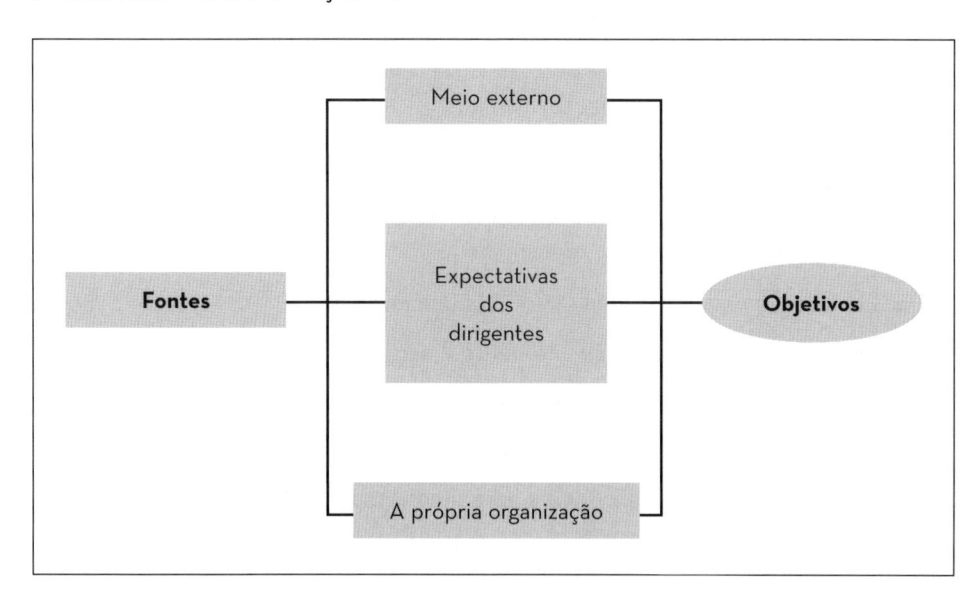

Existem basicamente três fontes geradoras de objetivos a serem explorados por uma empresa. A primeira está situada no ambiente externo, com seus recursos e oportunidades, cujas limitações não podem ser esquecidas; a segunda fonte de objetivos é a expectativa dos dirigentes, acionistas e proprietários; e a terceira é a própria empresa e tudo o que ela pode vir a trabalhar em benefício próprio. Muitos dos objetivos são temporais, e geralmente definidos pelo prazo de um ano; outros, programáveis em longo prazo.

Objetivos da empresa, dos departamentos e das pessoas

Os objetivos da empresa são mais abrangentes e traduzem preocupação política e estratégica, como relacionamento com as autoridades e com a comunidade, modernização operacional e administrativa, liderança do mercado, crescimento, rentabilidade etc.

Já os objetivos departamentais necessitam ser mais detalhados e dizem respeito a custos, volumes, preços, novos produtos, atendimento satisfatório, novos clientes, prazos, qualidade, segurança das operações, rapidez, novos negócios etc.

Os objetivos pessoais estão centrados no aspecto profissional, pessoal, familiar, econômico e social do quadro funcional da empresa.

A dificuldade maior não é fixar objetivos, mas distribuí-los de forma equilibrada aos vários departamentos, de maneira a não permitir quebra na continuidade dos procedimentos e assim alcançar os objetivos propostos.

Definição de objetivos departamentais

- Conheça bem o seu departamento e as suas atribuições.
- Faça um inventário do quadro funcional subordinado e conheça as características de cada pessoa.
- Identifique os pontos-chave de seu departamento.
- Situe os departamentos diretamente vinculados ao seu.
- Saiba o que sua empresa pretende de seu departamento.
- Faça uma lista de realizações possíveis.
- Defina números ou referências para medir os resultados.
- Tenha aprovação para os seus objetivos.
- Explique bem aos seus subordinados o que espera deles, apresentando as metas listadas como prioridades.

Classificação dos objetivos

1. Os objetivos podem ser **internos** e **externos**.

Os internos são:

- lucratividade;
- crescimento;
- liderança;
- produtividade;
- harmonia na equipe etc.

Os externos são:

- satisfação do cliente;
- prestígio na comunidade etc.

2. Objetivos **reais** e **declarados**: os objetivos declarados são os subjetivos, nos quais a empresa se pauta ideológica e legalmente, e os objetivos reais são aqueles que a motivam na geração de bens de consumo e serviços, visando ao lucro.

Características dos objetivos

Os objetivos devem ser claros, específicos, tangíveis e alcançáveis.

- Claros: fáceis de entender.
- Específicos: visam a um campo determinado.
- Tangíveis: demarcados e definidos.
- Alcançáveis: passíveis de obter.

Critérios de escolha

Sempre que houver dúvida, devemos dar preferência a objetivos que tenham maior impacto no resultado, exijam maior esforço, deem maior rentabilidade, empreguem somas menores, sejam mais seguros e concretamente definidos, assegurem retorno mais rápido do capital aplicado e tenham liquidez.

A partir disso, podemos enumerar alguns critérios, como:

- atividades que têm maior impacto sobre os resultados.

- objetivo específico com definição de resultados esperados, claros e mensuráveis.
- objetivo determinado em relação aos resultados, mas não em relação aos métodos a serem utilizados para alcançá-los.
- objetivo como um desafio para todos.
- existência de um objetivo principal, detalhado em objetivos individuais que contribuam para atingir o objetivo principal.
- foco do objetivo no trabalho, não no homem.

Quando mudar os objetivos

Os objetivos mudam para atender a outras mudanças: do ambiente, dos indivíduos e até da própria organização, não se devendo insistir naqueles incompatíveis com a sua realidade.

A Administração por Objetivos em ambientes difíceis

São indicadores de dificuldades que a empresa pode enfrentar: concorrente muito ativo e ousado, sindicatos exigentes e reivindicadores, legislação excessivamente detalhista e obsoleta, clima interno ruim, produtos fatigados, dinheiro caro, crédito difícil, matéria-prima importada, greves, muitos e onerosos projetos, inventários altos, muito dinheiro em poder de terceiros e, por fim, queda na rentabilidade.

Em tempos difíceis é mais complicado administrar, mas, paradoxalmente, a empresa pode crescer e ganhar mais nesses períodos, desde que sejam tomadas as decisões corretas. Nas crises, os recursos tornam-se mais escassos, devendo ser enfatizados os negócios mais promissores e de fácil rentabilidade, evitando-se aqueles que exigiriam longos prazos e grandes somas para sua execução. A liquidez patrimonial, que equivale a dinheiro em caixa, é arma poderosa para aproveitar oportunidades durante períodos difíceis. Com recursos a empresa migra para outros negócios, adquire matéria-prima mais barata e tem fôlego para gerir cuidadosamente seus negócios.

Algumas recomendações para tempos difíceis

- Abandone imediatamente todos os projetos emperrados.
- Não permita a expansão dos inventários.

- Diminua o prazo médio de recebimento de suas vendas.
- Venda à vista, sempre que possível.
- Não pague contas antecipadamente, a não ser que o desconto compense.
- Acompanhe a situação econômica de seus fornecedores para obter um bom desconto.
- Não congele o salário do pessoal que toma as decisões.
- Corte gastos desnecessários e acompanhe energicamente sua observância;.
- Abandone corajosamente produtos não-rentáveis.
- Estreite seu relacionamento com o concorrente.
- Acompanhe de perto os números da empresa.
- Elabore um rigoroso calendário de obrigações e faça sempre o fluxo de caixa.
- Acompanhe a liquidez do patrimônio da empresa.
- Fique atualizado com relação aos preços.
- Compare a rentabilidade prevista e a real.

Quadro 10.1 :: Exemplos de alguns objetivos para a organização

• Rentabilidade • Boas relações com autoridades • Filantropia • Diversificação • Boa imagem da empresa • Inovação tecnológica • Exportação	• Aumentar o uso de capital de terceiros • Otimizar contas a receber e contas a pagar • Melhorar o desempenho dos fornecedores • Aumentar as vendas • Reduzir os custos • Eliminar as perdas • Cumprir o orçamento
• Participação no mercado • Publicidade • Conquistar novos clientes • Abrir novas filiais ou agências • Implantar novos sistemas • Realizar inventários • Cumprir prazos de entrega • Diminuir reclamações • Reduzir estoques de embalagens	• Aumento/redução de lotação • Qualidade de serviço ou produto • Manutenção preventiva • Novos produtos ou serviços • Novos manuais • Implantação de benefícios para o pessoal • Introdução de novas máquinas • Melhora nas regras de crédito e cobrança
• Treinar os gerentes • Cooperação do pessoal • Motivação da equipe • Lucro por ação • Matérias-primas • Impostos • Sindicatos • Negociar com sucesso os dissídios • Reduzir custo da folha de pagamento	• Eliminação de produtos deficitários • Novos negócios • Elevação de rendimento da capacidade instalada • Treinar a equipe • Novas normas • Novos formulários • Novas programações • Novos investimentos

Fonte: Elaborado pelo autor.

VISÃO CRÍTICA

A APO não considera as razões emocionais e motivacionais de um gerente, pois, da maneira que é executada na empresa, a longo prazo pode trazer efeitos prejudiciais à organização e a seus funcionários, principalmente por ser baseada num sistema de recompensa e punição, que intensifica a pressão sobre as pessoas. Além disso, a APO exige muito delas, que nem sempre estão preparadas para atender a essas exigências, além do fato de, às vezes, a empresa também não oferecer o treinamento e as condições necessárias para o devido desenvolvimento dessa teoria.

A ênfase nos resultados leva os funcionários a se esforçarem mais para obter resultados que possam ser mensurados e apresentados como mais importantes, porém de difícil mensuração. Assim, muitos funcionários podem querer atingir objetivos predeterminados, mesmo que algum motivo novo no processo mostre que eles poderiam ser deixados de lado, pois, para a empresa, não têm mais a mesma importância que tinham no momento inicial. Outra consequência é que a APO pode levar os gerentes a abandonar a visão de longo prazo, passando a preocupar-se exclusivamente com os objetivos de curto prazo em detrimento dos objetivos estratégicos da empresa.

⊃ RESUMO

A maioria das teorias que obtêm aceitação dos profissionais voltados para a área empresarial e administrativa cristalizou-se nos Estados Unidos, dada a sua característica capitalista. Assim foi com a teoria da APO, motivada pelo vertiginoso crescimento das empresas verificado nas últimas décadas. É um método que enfatiza as funções do administrador, delegando-lhe autonomia de planejamento e o controle dos procedimentos afetos à sua área.

A preocupação de "como" administrar adotou as feições de "por que" ou "para que" administrar, priorizando os resultados. A essa preocupação veio somar-se a APO, também conhecida por administração de resultados, compatível com o espírito pragmático e democrático da moderna administração.

Peter Drucker afirma que, para atingir resultados, a organização precisa antes definir em que negócio vai atuar e aonde pretende chegar. Para ele a APO é o processo pelo qual os superiores, gerentes e subordinados identificam objetivos comuns, definem as áreas de responsabilidade voltadas aos resultados esperados e usam essas medidas como guias na operação dos negócios.

Entre as várias definições, encontramos os seguintes elementos comuns a todos os sistemas de APO:

- Estabelecimento conjunto de objetivos entre o executivo e o seu superior.
- Estabelecimento de objetivos para cada posição.
- Interligação de objetivos.
- Estabelecimento do sistema de reuniões de reciclagem.
- Ênfase na mensuração e no controle.
- Participação atuante da chefia.

EXPLORE MAIS

Qualquer desses objetivos que a organização deseje realizar serão alcançados com ações práticas e concretas. Se assim não for, os objetivos serão meras peças de papel bem elaboradas e vistosas, mas distantes do mundo real.

Quando o objetivo está definido, é preciso fazer os planejamentos necessários de forma detalhada, para realizar o que a organização se propõe.

A importante ferramenta para isso é a elaboração de projetos. Para ajudá-lo a preparar um projeto, explore mais as orientações presentes no site: http://www.editorasaraiva.com.br/uni. Nele você encontrará desde a conceituação até os aspectos relacionados com comunicação e marketing do conteúdo do projeto.

Na impossibilidade de cobrir todo o campo de aplicação de um projeto, por ser amplo demais, optou-se por apresentar um modelo de elaboração básico, facilmente adaptável a situações específicas.

⇒ NA PRÁTICA

Para consolidar a aprendizagem, apresentamos algumas perguntas baseadas no texto e aplicadas às situações práticas de trabalho.

Questionário

1. Defina a administração por objetivos.
2. Quais são as vantagens da APO?
3. O que se entende por encadeamento de objetivos?
4. O que levou a APO a ser prontamente aceita?
5. Quais as dificuldades para adotar este modelo?

Exercícios de aplicação

1. Quais sugestões você daria para diminuir custos na empresa em que trabalha?
2. Sua empresa já existe há muito tempo e está preocupada em melhorar o relacionamento com a comunidade. Quais sugestões você daria?
3. Estradas esburacadas, portos caros e lentos, burocracia na aduana, encargos sociais elevados, excesso de legislação, tudo isso representa o "custo Brasil". De que forma isso atrapalha a produtividade e a lucratividade das empresas?
4. Dois diretores discutem a respeito de redução de despesas e maior rentabilidade. Caso a alternativa para a empresa seja reduzir custos a curto prazo, o que você faria? Se a alternativa fosse obter rentabilidade a curto prazo, o que faria? Quais atividades devem ser descartadas por não trazerem benefícios para a empresa? Quais medidas alternativas você adotaria para evitar corte de pessoal?
5. Você foi escolhido(a) para chefiar o departamento de crédito.
   Por qual das alternativas iniciaria o seu trabalho?
   a) junto à direção;
   b) junto aos demais departamentos;

c) com os funcionários do departamento;

d) com os clientes em geral;

e) com o mercado.

6. Dois gerentes de banco conversam. Um deles pergunta:

"O que você acha de lançar um programa interno para reduzir os custos da agência? Pensei também em criar um serviço especial para atrair grandes clientes. Você acha que devo fazer o programa de redução de custos sem a matriz pedir?"

Comente essas opiniões.

7. Vera, chefe do departamento de análise organizacional da River Empreendimentos Imobiliários Ltda., conversava com o seu diretor de área a respeito dos objetivos para o próximo ano:

– Que podemos fazer no próximo ano, Vera?

– Bem, pode-se fazer muita coisa. O senhor não viu o relatório de nossas atividades do ano passado?

– Dei uma passada de olhos. Até que tinha alguns gráficos interessantes.

– Não sei se o senhor reparou, mas nós desenvolvemos e implantamos quatro projetos contando apenas com três analistas de O&M.

– Você acha que temos pouca gente? Hoje em dia... bem, espere, estamos desvirtuando a conversa. O nosso problema é preparar uma lista de objetivos para o seu departamento. Eu vou instruí-la sobre os objetivos da área de captação e você, então, deverá enquadrá-la dentro das medidas propostas.

Objetivos da área de captação

1. Aumentar o número de clientes por loja sem alterar o quadro funcional, imprimindo maior agilidade ao atendimento no balcão.
2. As lojas da zona norte, mediante autorização do governo, passam a receber prestações do 'Carnê da Esperança'.
3. Desburocratizar o sistema de abertura de contas, que tem provocado críticas até nas colunas sociais.
4. Vender em todas as lojas da rede o plano de seguro 'Renda Segura', com débito automático em conta do depositante.
5. Melhorar o atendimento ao público no ato da formalização da compra, reduzindo o número de formulários.

– Empregue dentro da empresa os conhecimentos que adquiriu sobre a teoria organizacional, fazendo o seguinte: prepare uma lista de objetivos que o seu departamento terá de cumprir no próximo ano, arrolando-os em ordem de prioridade. De posse de sua lista, faremos uma reunião com o Dr. Barra, da área de captação, para acertarmos detalhes e prioridades, está bem?

Pede-se:

Ajude Vera a preparar a lista de objetivos.

8. Veja a lista de atividades a seguir:

1. Abandonar produtos não lucrativos.
2. Treinar pessoal.
3. Patrocinar eventos culturais.

4. Concentrar-se no *core business*.
5. Buscar inovações.
6. Enfocar mérito, desempenho e resultado.
7. Diversificar atividades.
8. Abrir negócios no exterior.
9. Desburocratizar operações.
10. Reduzir custos.
11. Comprar empresas.
12. Patrocinar o cinema nacional.
13. Investir em reflorestamento.
14. Informatizar operações.
15. Rever manuais.
16. Ampliar o número de clientes.
17. Fazer parcerias com outras empresas.
18. Reduzir o número de diretorias e níveis.
19. Acompanhar a legislação.

Na matriz concentração de esforços, lance, em ordem de prioridade, as medidas relacionadas, justificando a sua decisão.

CONCENTRAÇÃO DE ESFORÇOS

	ALTA	MÉDIA	BAIXA
ALTA			
MÉDIA			
BAIXA			

Prioridade

Justifique a atribuição de prioridades.

9. A Fabrifirma S.A., fabricante de compostos aromáticos e fermentos, pretende lançar um novo produto, o Recex, a ser adicionado nas massas alimentícias. Há três fábricas – Itu, Sorocaba e Campinas – onde o produto pode ser fabricado, e a direção, necessitando optar por uma delas, examinou os seguintes fatores:

1. Custo de fabricação do produto.
2. Matéria-prima.
3. Mercado consumidor.
4. Mão de obra.
5. Instalações disponíveis.
6. Rentabilidade.
7. Custo fixo.
8. Poluição/problemas.
9. Sindicato.

Os resultados correspondentes desejados eram os seguintes:

1. 100
2. farta na região e sem sazonalidade
3. próximo
4. abundante
5. dispensar grandes obras de engenharia
6. 40%
7. aceitáveis
8. pouco impacto
9. fácil diálogo

As três localidades oferecem as seguintes condições:

	ITU	CAMPINAS	SOROCABA
1	100	110	100
2	farta	farta	farta
3	um pouco distante	próximo	distante
4	disponível	disponível	disponível
5	necessita obras	dispensa obras	necessita obras
6	40%	55%	40%
7	normal	mais baixo	normal
8	no padrão	problemas	no padrão
9	fácil	dificuldade média	fácil

Pede-se:

Preencha a matriz de fatores e decida pelo local de produção, recomendando à empresa algumas medidas visualizadas durante o processo de escolha que entende necessárias.

MATRIZ DE FATORES				
ASSUNTO: _____				
ANALISTA: _____ DATA: _____				
FATORES	RESULTADOS DESEJADOS	HIPÓTESE A (___)	HIPÓTESE B (___)	HIPÓTESE C (___)
1				
2				
3				
4				
5				
6				
7				
8				
9				

Escola do Desenvolvimento Organizacional

11

A Administração por objetivos (APO) trouxe notável contribuição para o pensamento administrativo, por sua praticidade e por sua visão de resultados, alertando o administrador para a necessidade de readequar objetivos caso constate alteração no mercado. Essa abordagem possibilitou o surgimento de uma nova escola administrativa, a *Teoria do Desenvolvimento Organizacional* ou D.O.

O perfil da empresa moderna revela uma estrutura sempre pronta para reagir criativa e eficientemente frente a situações emergentes e desafiadoras para resultar vitoriosa em cenários inconstantes como o que observamos atualmente.

Visão geral

Na década de 1960, um grupo de cientistas sociais nos Estados Unidos obteve certos resultados em trabalhos que enfatizavam o desenvolvimento organizacional planejado.

A organização define a estrutura e os procedimentos de trabalho, influenciando fortemente as possibilidades de atividades inovadoras motivadas por suficiente flexibilidade para que toda a gama de novas ideias tenha receptividade e eco.

Origem e conceito

As origens do D.O. podem ser atribuídas à difícil aplicabilidade das teorias administrativas, ao aprofundamento dos estudos sobre a motivação humana e a sua interferência na dinâmica das organizações, à conscientização sobre as mudanças e à fusão de duas tendências no estudo da organização: o estudo da estrutura e o estudo do comportamento humano nas organizações.

O D.O. não surgiu, como a maioria das outras escolas, do trabalho de um único autor, mas de um conjunto de ideias e estudos a respeito do tema, porém podemos destacar alguns autores que contribuíram para o desenvolvimento dessa escola, entre eles: Warren G. Bennis, R. R. Blake, J. S. Mouton, Edgard Schein, Chris Argrys, P. R. Lawrence, William J. Reddin, que envolveram modelos de diagnóstico e ação para a mudança planejada, trabalhando alterações estruturais na organização formal e as alterações comportamentais.

Alguns modelos baseiam-se em mudanças na organização formal, outros em fatores comportamentais como cultura organizacional e relacionamento interpessoal, envolvendo o desenvolvimento de equipes, laboratório de sensitividade, tratamento de conflito intergrupal. Alguns autores desenvolveram modelos mais complexos abrangendo ambos, entre eles podemos citar os modelos:

- Managerial Grid ou D.O. do tipo Grid, proposto por Blake e Mouton.
- Modelo de D.O. de Lawrence e Lorsch.
- Modelo de 3-D de Eficácia Gerencial de Reddin.

Esses modelos de D.O. desenvolvem diferentes conceitos, estratégias, esquemas, sequências de planejamento, introduzindo simultaneamente alterações estruturais e comportamentais de forma integrada e complexa, propondo uma linha de diagnóstico e ação para o D.O.

Esta Escola pode ser caracterizada como um desdobramento da Teoria Comportamental, pois estabelece mudanças e flexibilidade organizacional. Estes estudos visavam a organizar os conceitos discutidos nas diversas escolas anteriores elaboradas até o momento, procurando abordá-las de forma conjunta, já que cada uma delas enfatiza determinado aspecto, havendo até conflitos devido a algumas ideias completamente antagônicas.

O desenvolvimento de novos estudos sobre a motivação humana e sua influência na organização, entre eles os estudos feitos pelo National Training Laboratory, criado em 1947, sobre treinamento de sensitividade e suas aplicações sobre a organização, é considerado por alguns autores como precursor do D.O.

As organizações enfrentavam naquele momento uma série de mudanças no ambiente organizacional, no tamanho e na complexidade, uma evolução muito rápida das tecnologias, exigindo maior integração das atividades e das mudanças no comportamento humano. Cada vez mais vai se abandonando a visão do *homo economicus* da Escola Clássica; o indivíduo na organização se mostra mais complexo e com maiores necessidades de conhecimento, e o modelo mecanicista e concentrador de poder dá lugar a um modelo humanístico baseado na colaboração e na razão.

Seguindo uma tendência que vem da Escola de Sistemas, procura-se unir os estudos da estrutura (Escola Clássica) e do comportamento (Escola de Relações Humanas) num único modelo administrativo.

Um dos aspectos básicos da aplicação do D.O. é o de provocar motivação para a mudança no meio onde atua, e ele é mais prontamente aceito onde os canais de comunicação são eficazes e o relacionamento interpessoal mais aberto. O D.O. é um processo de modificações tanto culturais como estruturais devidamente elaborado, que deve ser aplicado permanentemente, procurando capacitar a empresa a diagnosticar e planejar o melhor modo de implementar as mudanças necessárias.

Os pressupostos básicos do desenvolvimento organizacional são:

- **Constante e rápida mutação do ambiente:** mudanças econômicas, sociais, tecnológicas que têm grande influência na empresa.

- **A necessidade de contínua adaptação:** a organização é um sistema dinâmico, em constante interação com um ambiente em rápida mutação, o que leva à necessidade constante de adaptação.

APRENDA MAIS

O psicólogo norte-americano, Leland Bradford, é considerado por muitos estudiosos precursor da Escola do Desenvolvimento Organizacional.

Leland foi um psicólogo organizacional muito envolvido com os aspectos comportamentais das organizações, o que levou alguns autores a defini-lo como behaviorista. Na realidade, as ideias de Leland iam além. No seu entender, o excesso de objetividade da APO estava deixando de lado uma questão crucial: nas suas inter-relações com o meio externo, as empresas sofrem forte influência e a única forma de superar e vencer os desafios é justamente um processo de "adaptação" constante às mudanças, o que também veio a ser chamado de Desenvolvimento da Organização.

As ideias do D.O. surgiram a partir dos trabalhos de Leland, que coordenava um grupo de psicólogos de uma instituição de pesquisa chamada Laboratório Nacional de Treinamento. Um livro, cuja edição foi coordenada por Leland, denominado *Métodos de Laboratório (Teorias de Sensibilidade)* lançou de vez no campo da ciência administrativa as ideias de D.O.

A necessidade de modificar-se, de adaptar-se, ou melhor, a capacidade de mudar, é a chave do fortalecimento da organização.

A seriedade e dedicação de Leland Bradford fez dele um autor muito respeitado e reconhecido como o fundador da Escola do Desenvolvimento Organizacional.

- **Interação entre organização e ambiente, indivíduo e organização, e objetivos individuais e organizacionais:** um dos fatores mais importantes para o sucesso da organização será a sua capacidade de interagir com o ambiente e produzir respostas rápidas às constantes mudanças ambientais; quanto maior a interação entre esses fatores mais fácil será sua adaptação.
- **Mudança organizacional planejada:** a organização precisa estar preparada para as mudanças e planejar com antecedência as que forem possíveis. Esse processo deve ser contínuo dentro da empresa.

O D.O. e sua contribuição

O conceito de desenvolvimento organizacional tem suas raízes justamente na ideia de que uma organização é um sistema social; extensão do meio a que está circunscrita e sujeita a todas as intempéries, seja de ordem política, seja cultural; respondendo, hoje, por grande parte das ações voltadas à melhoria da qualidade de vida das populações mais carentes nos grandes centros urbanos; e francamente engajadas em políticas de proteção ambiental e de moralização do poder público.

A empresa moderna é altamente empreendedora e participativa, movimentando todos os segmentos das diversas ciências para poder fazer frente às exigências de mercados cada vez mais sofisticados e diversificados.

Por ser essencialmente dinâmico, o desenvolvimento organizacional é um processo que envolve combinação de alterações estruturais e comportamentais que se completam e se suportam, em vista de um objetivo que é o aumento da eficiência ou da eficácia organizacional.

Baseando-se nas ciências do comportamento, o D.O. procura aplicar a dinâmica de grupo aos procedimentos de planejamento, lançando mão de técnicas de laboratório para o desenvolvimento da organização como um todo, com vistas a metas específicas.

FIGURA 11.1 Organização formal *versus* organização informal

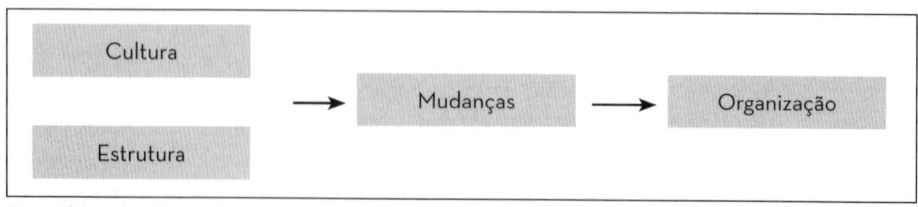

Cultura / Estrutura → Mudanças → Organização

Fonte: Elaborada pelo autor.

FIGURA 11.2 As forças do D.O. em ação

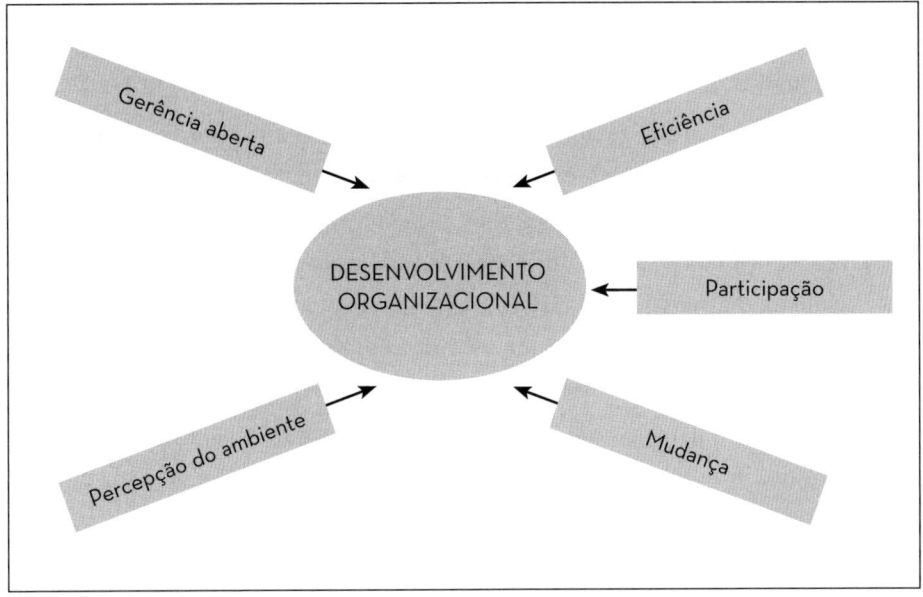

```
        Gerência aberta              Eficiência
                    ↘              ↙
                   ┌──────────────────┐
                   │ DESENVOLVIMENTO  │ ← Participação
                   │  ORGANIZACIONAL  │
                   └──────────────────┘
                    ↗              ↖
        Percepção do ambiente         Mudança
```

Fonte: Elaborada pelo autor.

Visão sobre o trabalho e as pessoas

O D.O. envolve várias mudanças, pois é um processo planejado de modificações culturais e estruturais, aplicado a uma organização, e a organização precisa estar disponível para diagnosticar, planejar e implementar essas modificações[1].

Algumas mudanças relacionadas com o desenvolvimento organizacional estão no quadro 7.4.

Quadro 7.4 ٠٠ Algumas mudanças que ocorrem no processo de D.O.

DE	PARA
• Funções estanques	• Funções integradas
• Tarefas simples	• Trabalhos multidisciplinares
• Funcionários controlados	• Funcionários com autonomia
• Treinamento	• Capacitação
• Paredes e divisórias	• Espaço aberto
• Burocracia	• Tecnologia da informação

Fonte: Elaborado pelo autor.

---

[1] CHIAVENATO, I. *Introdução à teoria geral da administração.* São Paulo: Makron Brooks, 1993.

O **processo de D.O.** envolve principalmente:

- coleta de dados: busca de dados com o objetivo de mostrar as características do sistema organizacional, identificando suas relações com os demais elementos organizacionais.

- diagnóstico organizacional: envolve a análise da situação, buscando estabelecer soluções para problemas que eventualmente sejam diagnosticados, elaboração de estratégias e preparação da organização para mudanças.

- ação de intervenção: ação planejada posteriormente ao diagnóstico. Por meio do diagnóstico é possível identificar qual a intervenção mais adequada. É importante ressaltar que esta não é uma fase final, pois, como já foi dito, o D.O. é um processo contínuo na organização.

Muito embora pareça modismo, o D.O. é uma alternativa democrática e participativa muito interessante para a renovação e a revitalização das organizações, que não podemos desprezar.

VISÃO CRÍTICA

O D.O. tem proporcionado à teoria administrativa uma contribuição realmente ampla e rica, mas alguns têm a convicção de que é apenas um "rótulo" utilizado para a "embalagem" de descobertas e princípios da Teoria das Relações Humanas e da Teoria Comportamental, com algumas novas formulações. Com a crise das Relações Humanas e do Behaviorismo, porém o D.O. passou a ser uma nova saída para o aumento da eficácia organizacional.

⊃ RESUMO

O movimento do D.O. surgiu por volta de 1962, unindo ideias a respeito do homem, da organização e do ambiente, buscando o crescimento e desenvolvimento coordenado das partes, obedecendo a particularidades e potencialidades estruturais e regionais.

Um dos aspectos básicos da aplicação do D.O. é provocar motivação para mudanças no meio em que se encontra. A motivação se manifesta no momento em que os colaboradores, solicitados, recebem oportunidade de liberar a criatividade e de se autoafirmar em ambiente onde os canais de comunicação sejam livres e o relacionamento interpessoal franco, aberto e amistoso.

Uma vez que uma organização é formada da conjugação de esforços de vários grupos, aumentando-se-lhes a eficácia aumenta-se também a eficácia dela como um todo. Para tanto, o profissional é constantemente submetido a reuniões de confrontação, pesquisas dirigidas e treinamento laboratorial.

FIGURA 11.3 A visão do D.O.

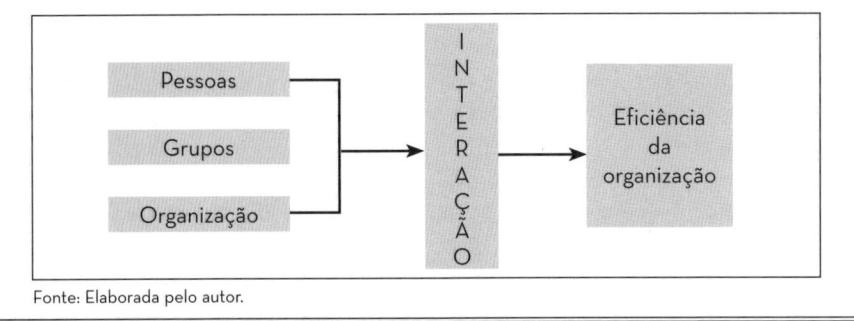

```
┌─────────────────────────────────────────────────────────────┐
│   ┌──────────┐                                              │
│   │ Pessoas  │──┐      ┌───┐      ┌──────────────┐          │
│   └──────────┘  │      │ I │      │              │          │
│   ┌──────────┐  │      │ N │      │              │          │
│   │  Grupos  │──┼─────▶│ T │─────▶│  Eficiência  │          │
│   └──────────┘  │      │ E │      │      da      │          │
│   ┌──────────┐  │      │ R │      │  organização │          │
│   │Organização│─┘      │ A │      │              │          │
│   └──────────┘         │ Ç │      └──────────────┘          │
│                        │ Ã │                                │
│                        │ O │                                │
│                        └───┘                                │
└─────────────────────────────────────────────────────────────┘
```

Fonte: Elaborada pelo autor.

◯ NA PRÁTICA

Para consolidar a aprendizagem, apresentamos algumas perguntas baseadas no texto e aplicadas às situações práticas de trabalho.

Questionário

1. Quais são as fases da organização segundo a escola do D.O.?
2. Em que princípio está centrado o D.O.?
3. Como é visto, nesta escola, o aspecto da mudança dentro da empresa?
4. O que os vários modelos de D.O. consideram basicamente?
5. Cite alguns pontos positivos e negativos do D.O.

Exercícios de Aplicação

1. Floriano é o chefe do Departamento de Recrutamento e Seleção da Fertilizantes Dutra S.A. Preocupa-se apenas com as questões que lhe são afetas e é pouco dedicado ao trabalho. É perito no conchavo, na composição e na bajulação, transformando a seção em uma verdadeira casa de negócios. Não hesita em admitir pessoas sem qualificação para os cargos da empresa se isso resultar em alguma forma de benefício para ele. Está suntuosamente instalado e dispõe de inúmeros profissionais a seu serviço.

    Um belo dia, o Departamento Administrativo solicitou que fosse providenciada a admissão de um técnico de suprimentos para a seção de compras, da divisão de material.

    Dez candidatos responderam ao anúncio dos classificados, dentre eles Souza, bastante qualificado para o cargo. Um amigo de Floriano, porém, indicou um conhecido, formado recentemente e sem experiência na função, cujo currículo foi encaminhado para o departamento administrativo. Em face das alegações de Floriano de que "não havia outros candidatos" e de que "o rapaz era muito bom", foi contratado.

    Analise e comente a atitude de Floriano.

2. O ambiente no escritório está bastante agitado. Espera-se que o fundador da empresa anuncie sua aposentadoria e designe um de seus três filhos como o novo presidente.

Um consultor especializado na seleção de executivos é convocado para uma reunião na qual o presidente vai comunicar seu afastamento e a resolução de trazer, para ocupar o cargo de presidente, um executivo de fora da organização. Coloque-se no lugar do presidente e prepare o discurso.

3. a) Imagine que você é diretor de sindicato e vai iniciar uma campanha contra a concessão de estágios a estudantes universitários. Elenque os argumentos que irá empregar.

   b) Agora, imagine que você é o presidente do diretório acadêmico e precisa fazer uma campanha para estimular as empresas a concederem estágios a estudantes universitários. Que argumentos usar no sentido de sensibilizar a classe empresarial a conceder estágios?

Teoria da Contingência

12

Na visão desta escola e de seus autores, não há forma ideal de administrar empresas, uma vez que tudo depende do momento econômico e das tecnologias envolvidas na produção, somados ao preparo das respectivas estruturas para enfrentar oscilações nas tendências de mercado, respondendo prontamente aos desafios que se sucedem.

Em linhas gerais, a Teoria da Contingência considera tudo relativo, não existindo um modelo absoluto que possa ser utilizado em todas as situações; o que fazer irá depender das variáveis do ambiente que determinarão quais decisões deverão ser tomadas pela organização. Convém ressaltar que não há uma relação de causa e efeito, pois a organização não irá apenas reagir às mudanças ambientais, mas sim interagir com elas, procurando conhecer e se adaptar da melhor maneira possível a cada nova situação que o ambiente lhe apresentar, num processo contínuo de aprendizagem.

Visão geral

Tem origem nas recentes pesquisas de Chandler, Burns e Stalker, entre outros, a respeito de organizações, ambientes e tecnologias.

Essas pesquisas procuravam definir qual modelo de estrutura seria mais eficaz para determinado tipo de indústria. Conclui-se que a estrutura da empresa irá depender das características do ambiente externo e da interação empresa-ambiente, não existindo a melhor forma (*the best way*), como na Teoria Clássica.

Essas teorias são contingenciais, pois procuram explicar as empresas em diferentes contextos, cujas variáveis que determinam o modelo de administração da organização vêm do ambiente externo, e podem ser positivas ou não para a organização. Tudo dependerá do modo como a organização irá interagir e usá-las para seu aprimoramento.

Verificou-se que grande parte do que se observava dentro das organizações era decorrente do que acontecia fora delas, o que motivou o estudo da interdependência entre ambiente e organização. Outra variante condicionante é a tecnológica, a que se atribui grau de eficiência tanto maior quanto mais avançada ela for.

APRENDA MAIS

Paul Lawrence e Jay Lorsch foram professores na Universidade de Harvard, na área de comportamento humano. Entre 1965 e 1975, Harvard esteve sob grande influência de autores voltados para o comportamento humano – que enfatizavam a extrema importância do fator humano nas organizações.

As ideias de Paul Lawrence e Jay Lorsch estão substanciadas no livro *A organização e o ambiente*.

No ambiente propício de Harvard, tanto Paul quanto Jay puderam desenvolver suas ideias sobre esforço humano, organização e ambiente. Em sua abordagem, esses autores veem a organização como o resultado de esforços de indivíduos e que a organização está em constante relação com um meio externo mutável, em movimento e dinâmico.

Estes autores ficaram consagrados pela elaboração da Teoria da Contingência. Essa teoria, avançando sobre a visão sistêmica, preconiza que a empresa deve se organizar conforme a tarefa a realizar e que a ação se subordinará à situação, ou seja, à contingência.

Paul e Jay desenvolveram seus trabalhos realizando pesquisas em grandes organizações, sempre com bons resultados. Outro livro muito conhecido desses autores é *Organizações em crescimento e desenvolvimento: diagnóstico e ação*.

Sem dúvida estes dois estudiosos deram grande contribuição para a Ciência Administrativa.

Pesquisa de Chandler

A pesquisa do professor norte-americano Alfred D. Chandler foi feita em 1962, em quatro grandes empresas dos Estados Unidos (General Motors, Standard Oil Co., Du Pont e Sears Roebuck Co.). Utilizando um estudo comparativo, Chandler procurou demonstrar que a estrutura organizacional de cada empresa sofreu adaptações contínuas para se adequar à estratégia utilizada, concluindo que a estrutura organizacional foi cada vez mais influenciada pela estratégia mercadológica da empresa.

A pesquisa demonstrou que a empresa atravessa quatro fases, como mostra o Quadro 12.1.

Quadro 12.1 ❖ Fases da empresa, segundo Chandle

FASE	CARACTERÍSTICAS	ESTRUTURA ORGANIZACIONAL
• Acumulação de recursos	• Crescimento das empresas • Ênfase na área de produção e na rede de distribuição • Compra de empresas fornecedoras de matéria-prima	• Controle por integração vertical dando origem à economia de escala
• Racionalização do uso dos recursos	• Diminuição de custos com a definição de uma estrutura funcional • Lucros dependem da racionalização da estrutura da empresa	• Planejamento e controle da produção • Organização (criação de departamentos) • Coordenação entre os departamentos
• Continuação do crescimento	• Aumento da concorrência • Queda nos lucros • Mercado saturado	• Diversificação • Adaptação da estrutura organizacional • Surgimento dos departamentos de Pesquisa & Desenvolvimento
• Racionalização do uso de recursos em expansão	• Ênfase na estratégia mercadológica • Busca de novas linhas de produtos • Descentralização das operações • Centralização do controle	• Nova estrutura funcional departamentalizada • Divisões autônomas de cada linha de produtos

Fonte: CHANDLER, 1962.

Portanto, as mudanças ambientais são responsáveis pela elaboração das Estruturas Organizacionais, já que são as mudanças que definem a estratégia da empresa, ou a necessidade de uma nova estratégia, e esta por sua vez é quem define qual tipo de estrutura deve ser utilizado.

Pesquisa de Burns e Stalker

Esta pesquisa desenvolvida por Tom Burns e G. M. Stalker, feita em 20 indústrias inglesas, tinha como objetivo estudar a relação entre dois fatores: práticas administrativas e ambiente externo.

Concluiu-se que existem dois tipos de organizações: as *mecanicistas* (típicas da Escola Clássica) e as *orgânicas* (típicas das escolas de Relações Humanas e Comportamento Humano), e que o tipo de estrutura organizacional é determinado pelos fatores ambientais. O tipo mecanicista é mais adequado a ambientes estáveis, enquanto o tipo orgânico é mais adequado a ambientes instáveis, que exigem maior facilidade de adaptação da organização às constantes mudanças.

Níveis das organizações

A estrutura e o comportamento organizacional integram as **variáveis dependentes**, enquanto o ambiente e a tecnologia compõem as **variáveis independentes**. Ao adotar a metodologia administrativa contingencial, a empresa vê-se atrelada a três níveis organizacionais:

- **Institucional** ou **estratégico**: corresponde ao plano mais elevado da empresa.
- **Intermediário**: é o que se situa entre o institucional e o operacional, articulando-os internamente.
- **Operacional**: é o responsável pela produção.

FIGURA 12.1 As influências na estruturação da empresa

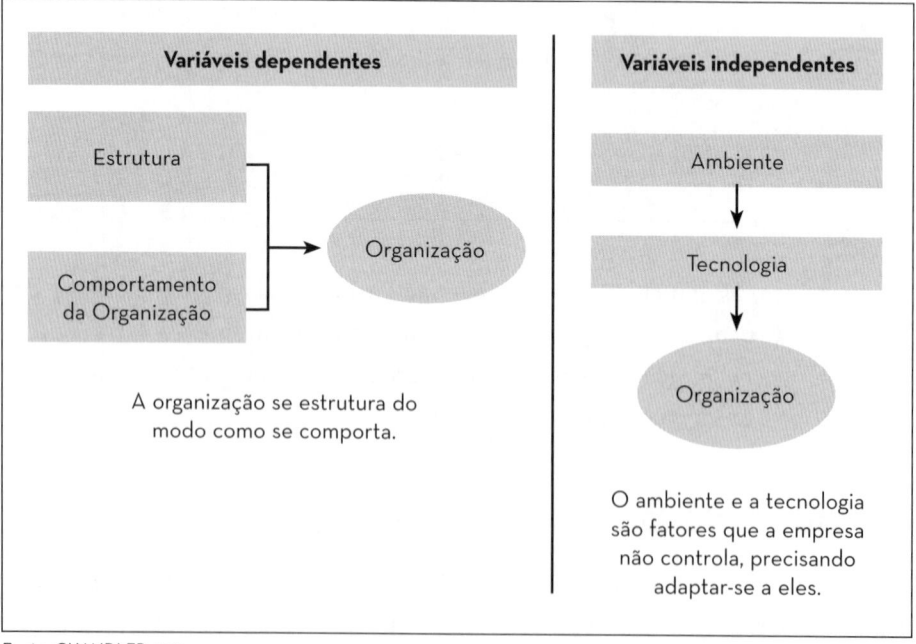

Variáveis dependentes	Variáveis independentes
Estrutura → Organização ← Comportamento da Organização	Ambiente ↓ Tecnologia ↓ Organização
A organização se estrutura do modo como se comporta.	O ambiente e a tecnologia são fatores que a empresa não controla, precisando adaptar-se a eles.

Fonte: CHANDLER, 1962.

FIGURA 12.2 Níveis organizacionais na teoria da contingência

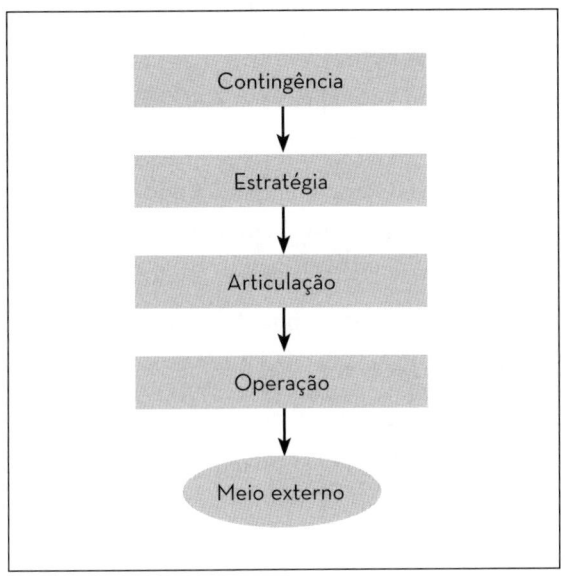

```
Contingência
     ↓
 Estratégia
     ↓
 Articulação
     ↓
  Operação
     ↓
 Meio externo
```

Fonte: CHANDLER, 1962.

Aspectos da Teoria da Contingência

A principal característica da Teoria da Contingência é não haver uma melhor maneira de administrar (*the best way*), pois a empresa precisa estar constantemente se adaptando às mudanças ambientais.

Isso ocorre porque a empresa é um sistema aberto e apresenta intensa interação entre os seus elementos organizacionais. Essa interação se dá tanto com o ambiente, cujas variações serão determinantes para a definição da Estrutura Organizacional, como entre seus elementos internos, que também são importantes e devem ser levados em consideração, como a relação entre diferentes departamentos, entre os indivíduos dentro da organização e entre indivíduo e empresa.

Portanto, em razão das constantes mudanças ambientais e internas da organização, a empresa não pode ser estática, não podendo existir uma solução única para todas as empresas, pois cada uma está num ambiente diferente, trabalha com variáveis diferentes que não se podem prever com a precisão necessária para o estabelecimento de um modelo administrativo ou de uma estratégia rígida e imutável. Há a necessidade contínua de adequação a novos contextos ambientais.

Na Teoria da Contingência, as mudanças são agressivas:

- vender ou desistir de negócios que constantemente dão maus resultados;
- reestruturar os demais drasticamente;
- delegar mais autoridade e responsabilidade às unidades produtivas, que é onde efetivamente a empresa "acontece".

Atitudes desse tipo permitem ampla flexibilidade de ação e concentração de esforços em oportunidades que se afigurem oportunas e efetivamente rentáveis, aliadas a medidas operacionais eficazes de:

- parar de fazer aquilo que não se pode fazer bem;
- fazer melhor o que se faz bem;
- começar algo novo para se renovar e crescer.

A empresa deve centrar esforços em produtos e serviços que ofereçam giro de capital rápido, além de buscar constantemente novos nichos de mercado onde operar.

VISÃO CRÍTICA

A principal crítica a respeito da Teoria Contingencial é o consenso de seus adeptos quanto a certo relativismo no método gerencial, acarretando rejeição aos princípios universais e definitivos da administração.

◯ RESUMO

A Teoria Contingencial originou-se das recentes pesquisas de Chandler, Burns e Stalker a respeito da relação entre organizações, ambientes e tecnologias.

Constatou-se que muito do que se observava dentro das organizações era decorrente do que ocorria externamente. Passou-se, então, a estudar os ambientes e a sua interdependência com a organização.

A Teoria da Contingência tem visão diferente das outras escolas, justamente por entender que as organizações estão condicionadas ao ambiente em que se instalaram, necessitando de contínua adaptação para sobreviver e crescer. Outra variável condicionante é a tecnologia, pois ela determina as características de ação da empresa que, organizacionalmente, é regida em três níveis: institucional, intermediário e operacional.

Uma das principais contribuições da abordagem contingencial está no princípio de que não há uma forma ideal de administrar. Assim como o pensamento sistêmico, o pensamento contingencial – por vezes chamado de pensamento situacional – não pode ser atribuído a um único indivíduo ou grupo de indivíduos. É possível percebê-lo no que Fayol chamava de senso de proporção, que possibilitava aos gerentes serem flexíveis ao aplicar seus princípios em circunstâncias diferentes.

◯ NA PRÁTICA

Para consolidar a aprendizagem, apresentamos algumas perguntas baseadas no texto e aplicadas às situações práticas de trabalho.

Questionário

1. Qual o conceito de contingência?
2. Explique as origens da Teoria da Contingência.
3. Quais autores se destacaram na defesa dessa teoria?
4. Cite alguns pontos relevantes.
5. Fale das limitações da escola contingencial.
6. Quais as inovações que a Teoria da Contingência trouxe para as técnicas de planejamento?

Exercícios de Aplicação

1. Você recebe a visita de um cliente que diz ter sido maltratado pela recepcionista da fábrica. O que você faz?
2. Uma consumidora telefona dizendo que achou um prego na lata de guaraná de sua empresa e ameaça levar o caso à imprensa. Como contornar o problema?
3. Da sua equipe de colaboradores, um não compareceu à convocação para a reunião setorial, alegando "estar muito ocupado para perder tempo com bobagens". O que você faria?
4. Célio é supervisor de vendas e seu grupo vai ser reduzido, sendo ele um dos que vão ser cortados. Chorando muito, ele disse que sentia acima de tudo por sua família, pois a esposa estava com uma doença muito grave. Você reverteria a demissão?
5. Você é responsável pelo setor de aprovação das despesas de uma empresa. Ao receber a prestação de contas mensal da filial goiana, constata que há uma diferença de R$ 110,00 em relação aos demonstrativos. Sabe-se que a empresa tolera uma diferença de até R$ 40,00, e que a correção demandaria não só trabalho extra na filial, como também exigiria a devolução por via aérea do material, que é muito volumoso.

    Pergunta-se: Qual a sua decisão? Devolver, aceitar, procurar corrigir na matriz ou outra decisão? As medidas que vierem a ser a adotadas serão julgadas pelo gerente financeiro, que é estritamente cumpridor das normas e extremamente rigoroso.

    Formule a sua decisão e explique os motivos que o levaram a tomá-la.

REFERÊNCIAS

ACKOFF, R. L. *Planejamento empresarial*. Rio de Janeiro: LTC, 1976.

_____. *Administração estratégica*. São Paulo: Altas, 1983.

ANSOFF, H. I. *Corporate strategy*. New York: McGraw-Hill, 1964.

ARAUJO, L. C. G de. *Teoria Geral da Administração*. 2. ed. São Paulo: Atlas, 2014;

CHANDLER, A. *Strategy and Structure*. Cambridge: MIT Press, 1962.

CHARNOV, B. H., MONTANA, P. J. *Administração - Série Essencial*. 3. ed. São Paulo: Saraiva, 2010.

CHIAVENATO, I. *Introdução à teoria geral da administração*. São Paulo: Makron, 1993.

Conselho Federal de Administração. Disponível em: www.cfa.org.br. Acesso em: 19 out. 2015.

FINELLI, R. *Americanismo e fordismo em Gramsci*. Mimeo, Textos Gramsci e o Brasil, 2004.

HAMPTON, D. R. *Conceitos do comportamento na organização*. São Paulo: EPU, 1973.

MAXIMIANO, A. C. A. *Teoria Geral da Administração*. 2. ed. 2012.

OLIVEIRA, D. de P. R. de. *Teoria Geral da Administração*. 2. ed.São Paulo: Atlas, 2013.

Revista Brasileira de Administração (RBA). Editada pelo Conselho Federal de Administração, mensal, Brasília, DF.

ROBBINS, S. P. *Administração*: mudanças e perspectivas. São Paulo: Saraiva, 2002.

ROBBINS, S. P.; DECENZO, D. A.; WOLTER, R. M. *A Nova Administração - Mudanças e Perspectivas*. São Paulo: Saraiva, 2014.

SILVA, R. O. da. *Teorias da administração*. São Paulo: Pearson Prentice Hall, 2008.

ÍNDICE REMISSIVO

A

Abertos, 15, 120, 122-125
Agentes de execução, 21
Alternativas, 80, 100, 116
Ambições pessoais, 84
Ambiente, 8, 15, 20, 86, 100, 111, 119, 122,
Amitai Etzioni, 108, 110
APO, 14, 15, 129-130
Atributos desejáveis da gerência, 72
Automação, 4
Autoridade e responsabilidade, 52
Autoritário, 37, 61, 38, 72

B

Behaviorista, 13-15, 147
Benevolência, 55
Bertalanffy, 119-120, 127
Blake, 14, 82, 146
Burocracia, 13, 14, 95, 100

C

Características
    dos objetivos, 135
Cera no trabalho, 23
Chester Barnard, 63, 79
Chris Argrys, 146
Classificação dos objetivos, 135
Clientes, 9, 111, 134
Coercitiva, 36, 73, 85
Comandar, 49, 90
Comando, 48, 51, 53
Comportamento
    administrativo, 80, 91
    da organização, 156
    gerencial, 71
Conflitos, 38, 103, 115
    na organização, 115
Conteúdo, 39, 68, 75
Contingência, 153-159
Controladora, 73
Controlar, 17, 29, 50
Controle, 17, 33, 51, 96, 125
Coordenação, 21, 49, 155
Critério de escolha, 135
Críticas, 38, 91, 92
Cultura, 146, 148
Custo Brasil, 139
Custos, 4, 57

D

Daniel Katz, 119
Delegar, 101, 158
Demonstração financeira do projeto, 138
Descarte, 12
Desenvolvimento organizacional, 110, 145
Desvantagens da burocracia, 100
Disfunções dos ambientes burocráticos, 101
Douglas McGregor, 79, 81

E

Economia de movimentos, 32, 84
Eficácia, 12, 14, 126
Eficiência, 16, 19-21, 25, 35, 126, 151, 161
Elton Mayo, 63-64, 76
Empresa, 91, 97, 110, 113, 131
    global, 3-4

Escola
    da Administração, 131
    da Administração por Objetivos, 131
    da Burocracia, 95
    das Relações Humanas, 63, 68, 75
    de Sistemas, 119, 126, 147
    do Comportamento Humano, 79, 80, 91
    Estruturalista, 107-110, 116-117
    Mecanicista, 13, 16
    Normativista, 41, 59, 60
Estado-Maior, 21, 22, 40, 63
    na visão de Fayol, 96
Estratégia, 7-9, 11-12, 53
Estrutura, 19, 22, 36, 107, 115, 148
    formal, 114, 116
Evolução do pensamento administrativo, 13

F

Fadiga, 23, 24, 28, 34-35, 38-39
Fayol, 13, 41, 51-52, 75
Feedback, 74, 125, 133,
Fila, 101, 102, 103
Flexibilidade, 71, 126, 146
Fluxogramas, 30
Fontes de objetivos, 133
Frederick W. Taylor, 16
Função
    administrativa, 44, 60
    comercial, 44
    de contabilidade, 44
    de segurança, 44
    financeira, 44
    técnica, 43-45

G

Gerência autoritária *versus* liderança, 68, 69
Gestão, 2, 7, 11, 13, 44
Gilbreth, Frank e Lilian, 29, 30
Gráficos, 26, 30
Globalização, 1-6

H

Habilidades gerenciais básicas, 71
Hawthorne, 63-64, 67, 75-76
Henry Fayol, 41, 42, 59

Henry Lawrence Gantt, 40
Herbert A. Simon, 91
Hierarquia das necessidades, 87, 92

I

Ideias centrais da Escola
    das Relações Humanas, 68
Inflação, 9, 11, 57
Instalações, 19, 142
Instrumentos de EMT, 30

J

James E. Rosenzewig, 119
Jay Lorsch, 154

K

Kurt Lewin, 13, 63, 69

L

Leland Bradford, 14
Líder, 69-70, 86, 98
Liderança, 68-74
    autocrática, 69, 71
    centrada na tarefa, 70
    centrada nas pessoas, 71
    coercitiva, 73, 85
    controladora, 73
    democrática, 71
    integradora, 73
    liberal (laissez-faire), 70
    orientada para a tarefa, 71
    orientada para as pessoas, 71
    orientadora, 73
    situacional, 74
Limpeza, 21, 86
Linhas
    de autoridade, 52, 75, 114
    horizontais, 114
Liquidez, 10, 135-137
Lista de objetivos, 133
Local de trabalho, 29, 32-33
Lucro, 4, 10, 19, 44, 113, 117, 135
Lucros, 10, 27, 155
Ludwing von Bertalanffy, 13, 15

M

Mary Parker Follet, 63
Material necessário, 103
Max Weber, 13, 95
Mayo, 63-64
Mecanicista, 13, 16, 38
Meio externo, 116, 157
Melhorias, 4
Metodologia de Implantação, 132
McGregor, 79, 81-82
Modelo de Blake e Mouton, 14, 82, 83, 146
Modelo estruturalista, 108, 116
Motivação, 39, 68, 75-77, 137
Motivação do trabalhador, 39
Mouton, 14, 82-83, 146
Mudança, 1, 3, 8, 12, 65

N

Necessidades humanas, 84, 87
Nível
    operacional, 20, 27, 42
Normativista, 13-14, 41

O

Objetivo(s), 4, 18, 38, 65, 129, 131, 133, 141
    da empresa, 73, 131, 134
    departamentais, 134
    em ambientes difíceis, 136
Orçamento, 11
Organização, 4, 15, 22, 47, 103
    formal, 103, 108, 146
    informal, 103
    método de trabalho, 20
Organizar, 2, 16, 47
Origens do desenvolvimento organizacional, 145
Outros enfoques na liderança, 78

P

Padronização de instrumentos de trabalho, 31
Parâmetros dos sistemas, 124
Participação, 137, 149
Participativo, 165
Pensamento sistêmico, 121
Pessoal de preparação, 21
Peter Drucker, 131, 138
Planejamento do serviço, 25
Pleno, 68
Poder decisório, 101
Prazo, 45, 49, 85, 137
Preços, 1-2, 4, 35
Pressupostos básicos do desenvolvimento organizacional, 147
Prever, 23, 45
Previsão, 45, 51
Princípios básicos de administração, 60
Processo decisório, 101
Produtividade, 4, 24, 35, 58
Produtos, 1, 4, 12, 23, 113
Profissão de administrador, 131
Projeto de ferramentas e equipamentos, 33

Q

Quando mudar os objetivos, 135

R

Recomendações sobre EMT, 32
Recrutamento e seleção, 22
Redução de custos, 126
Regras técnicas, 96
Relações humanas, 63
Remuneração na Administração Científica, 23
Resultados, 24, 34, 50, 56
Risco, 10, 50, 104
Robert Kahn, 119
Robótica, 4

S

Salário
    Gantt, 13
    Taylor, 23
Salário, 3, 18, 25, 35, 56
Selznick, 13, 100
Sistema, 15, 119
    de mérito, 22
    financeiro global, 4
Sistemas
    abertos, 15, 123
    fechados, 123
    fechados e abertos, 123
Status, 90
Subordinação funcional, 22
Sucessão, 127
Supervisores, 26

T

Task force, 12
Técnicas de desenvolvimento organizacional, 148
Tecnologia, 1-2, 127, 156
    da informação, 149
Teoria
    comportamental, 146
    contingência, 153
    da administração científica, 16-35, 120
    da expectativa de Vroom, 90
    das necessidades de McClelland, 90
    das relações humanas, 95
    dos sistemas, 119
    ERC de Alderfer, 89
    estruturalista, 116
    X e Y, 81
Thompson, 14
Tipos de sistema, 123

U

Unidade
    de comando, 48, 53
    de direção, 53

V

Vantagens
    da burocracia, 100
    do EMT, 34
Vauban, 29
Visão departamental, 115